少年心理导航丛书

青少年如何调整学习心理

李笑群 编著

吉林人民出版社

图书在版编目（CIP）数据

青少年如何调整学习心理 / 李笑群编著. -- 长春：
吉林人民出版社, 2012.4
　（青少年心理导航丛书）
　ISBN 978-7-206-08542-0

　Ⅰ.①青… Ⅱ.①李… Ⅲ.①青少年 – 学习心理学
Ⅳ.①G442

中国版本图书馆 CIP 数据核字(2012)第 048302 号

青少年如何调整学习心理

QINGSHAONIAN RUHE TIAOZHENG XUEXI XINLI

编　　著：李笑群
责任编辑：门雄甲　　　　　　　　封面设计：七　洱
吉林人民出版社出版 发行（长春市人民大街7548号　邮政编码：130022）
印　　刷：北京市一鑫印务有限公司
开　　本：670mm×950mm　　　　　1/16
印　　张：10　　　　　　　　字　　数：70千字
标准书号：ISBN 978-7-206-08542-0
版　　次：2012年7月第1版　　　印　　次：2023年6月第3次印刷
定　　价：35.00元

目　　录

目　　录

善于观察

案例

我国的古书《列子》的《汤问》篇记载着这样一个故事：纪昌拜飞卫为师学射箭，飞卫告诉纪昌："你要练好眼力，才谈得上射箭。"纪昌回到家，捉了只虱子，用牛尾巴毛拴住，吊在窗口上，天天朝南方目不转睛地盯着。10多天过去了，虱子在眼中显得大起来。3年以后，竟显得有车轮一般大。再看其他东西，都像山丘一样巨大。以后纪昌射箭，每发必中。

分析

同射箭需要眼力一样，科学研究也需要良好的观察力。科学史上许多重要的发现，都源于科学家那敏锐的观察力。牛顿从小就喜欢观察，因此，当他坐在苹果树下乘凉，忽然有一个苹果从树上掉下，掉在他的身边时，引起他的注意，开始仔细观察和研究苹果为什么会落在地上，而不是飞上天，并因而发现了万有引力定律。俄国著名生理学家、诺贝尔奖获得者巴甫洛夫在他实验室的外墙上醒目地写着："观察、观察、再观察！"几个大字，作为他的座右铭。正是凭借着他的细心观察，发现了狗对饲养员脚步声的异常反应，进而发现了经典条件反射的基本原理。英国生物学家达尔文也曾说："我既没有突出的理解力，也没有过人的机智。只是在觉察那些稍纵即逝的事物并对其进行精细观察的能力上，我可能在众人之上。"科学家的研究发现离不开观察，学生的学习也同样离不开观察。观察是认识事物的窗口，是打开通往知识之门的钥匙。没有观察，我们就无法获得大量丰富的感性知识。例如：学习生物学时，我们平日里对自然界中各种动植物的观察，会加深我们对所学知识的理解。我们在学习物理或化学时，也要经常在实验操作过程中，实际观察各种各样的物理现象或化学现象。记得有一个笑话说：一名化学老师在课堂上做演示实验，只见他用一只手的中指在盛有化学药品的瓶中蘸了一下，然后拿到嘴边用舌头舔了舔，之后他示意学生上前面来照他的样子做。学生们一个个都用手指蘸化学溶液，然后尝了尝。原以为溶液味道会不错，谁知尝后个个叫苦不迭。当学生们都回到座位以后，老师让同学们仔细观察，他又重新做了一次演示实验，这回同学们惊讶地发现，老师用中指蘸了药品后，拿到嘴边舔的却是食指！这一变化大家在第一次演示时都没能观察到。这则小笑话给人以深刻印象，发人深省。作为学生，在课堂上，学会对老师的演示实验、板书、面部表情，甚至一举一动进行细致地观察该有多么重要。

　　观察力不仅对学生的学习有重要作用，而且也可以在学习过

程中得到发展。如果有意识地培养观察力，就会使它得到提高，心理学的研究证实了这一点。有甲乙两个班，在一年级时，其观察力的水平基本相同。比如，叫他们观察一种他们不认识的鸟的标本，能指出鸟的形状、大小等特征的学生，甲班为37%，乙班为40%。后来，对甲班学生的观察力有目的地加以培养，对乙班则不予训练，到二年级时，能指出鸟的形状、大小等特征的学生，甲班为64%，乙班为29%。而且，甲班中的一些学生还能判断出这种鸟的嘴和爪子很尖利，可能是一种猛禽。

可见，在学习中，我们应当自觉地培养观察力。那么，究竟该怎样培养呢？

1. 养成良好的观察习惯。首先要勤于观察。对于我们周围的一切，我们都应睁大眼睛，保持一颗警觉之心、好奇之心，经常加以观察和注意。在勤于观察的同时，还要做到细心和耐心。生活中许多现象是稍纵即逝的，如果不细心，根本无法捕捉到。杭州某中学生在经过西湖边时，忽然听见火车的叫声，于是仔细观察四周，发现浓雾弥漫，空气中充满水汽。他想到声音在水中传播比在空气中快和远，他认为听到火车声是因为天气异常引起的。他进一步作出了当天会有暴雨的预报，果然那天下了一场罕见的暴雨。在法国，有几个村妇早上去摘葡萄，看见一个人纹丝不动地伏在地上，睁大眼睛望着一块石头上的昆虫。到了黄昏，村妇们收工回家时，看见那人仍趴在那里，不由得十分佩服他的耐力。这个人就是后来成为伟大的昆虫学家的法布尔。

2. 观察要有目的、有计划地进行。许多同学误以为随随便便地用眼睛看，就是观察。事实上，这不仅称不上观察，反而会使人养成对事物熟视无睹、心不在焉的不良习惯。而所谓观察，必须要有目的、有计划地进行。在具体观察之前，我们就要确定观察什么，在什么时间、什么地点观察，观察的重点是什么，采用什么方法观察。只有这样才能使观察力得到提高。

3. 学会记观察日记。为了使观察富有成效，我们应该在观察的同时做些记录，并在观察之后加以整理，写出观察日记。这样做，能使我们在观察过程中更加认真、细致，更有条理性。同时，写出观察日记，使我们观察更有收获。日积月累，不但丰富了我们的知识，还会极大地锻炼我们动手写作的能力。

保持良好的注意力

　　一名高二女生因无法集中注意力而导致上课不能专心听讲、学习成绩下降。她在写给老师的咨询信中说："我原来在县普通高中上学，高一后半学期转到县重点高中。在普高时，我的学习成绩总是排在前几名，谁知到了重点高中就差得远啦，我根本跟不上。后来拼命学，到升高二时排到班级20多名，自以为总算是有些转机。谁知到了高二，分班分科，而两个文科班还有一快一慢，我又被分到慢班。我对这也没怎么在乎，学习好坏不在于这些。我的成绩在班中还算可以吧。可这一段时间是我最烦的时候了，我也不知道什么原因，上课听老师讲课时总是走神，听着听着就忘了讲些什么内容，到了课下也不想学习，即使坐在那里也是做别的事情。我曾想过之所以这样的原因，但是却找不出原因。我害怕考试考不好，对不起父母的支持和希望，我也曾强制自己，但总是不能安下心来学习，我不得不求助于您了。"

分析

许多学生有类似于这位女同学的苦恼，越是想学习的时候，越是无法集中注意力，头脑被一些莫名其妙的怪念头占据着，无法摆脱掉。有时候，脑子里又一片空白，上课老"愣神"，不知道老师都讲了些什么。这种情况长久出现，必将影响学习效率和学习成绩。保持良好的注意力，是大脑进行感知、记忆、思维等认识活动的基本条件。在我们的学习中，注意力是打开我们心灵的门户，而且是唯一的门户，门开得越大，我们学到的东西就越多。而一旦注意力涣散了或无法集中，心灵的门户就关闭了，一切有用的知识信息都无法进入。正因为如此，法国生物学家乔治·居维叶说："天才，首先是注意力。"在正常情况下，注意力使我们的心理活动朝向某一事物，有选择地接受某些信息，而抑制其他活动和其他信息，并集中全部的心理能量用于所指向的事物，因而，良好的注意力会提高我们工作与学习的效率。注意力障碍，主要表现为无法将心理活动指向某一具体事物，或无法将全部精力集中到这一事物上来，同时无法抑制对无关事物的注意。造成这种情况的原因比较复杂，许多较严重的心理障碍都可以引起注意力障碍。而对于学生来说，主要是由于学习负担重，心理压力过大，造成高度的紧张和焦虑，从而导致了注意力无法集中的障碍。另外，睡眠不足，大脑得不到充分休息，也可能出现注意力涣散的情况。

因此，当你因注意力无法集中而影响学习，备感苦恼时，不妨采用以下方法来矫治：

1．养成早睡早起的习惯。

一些同学因学习负担重，因此，一到晚上便贪黑熬夜，学到深夜，结果早晨不能按时起床。即便勉强起来，头脑也是昏沉沉的，一整天都打不起精神。而作为学生，主要的学习任务要在白天完成，白天无精打采，必然效率低下。所以，如果你是"夜猫子"型的，奉劝你学学"百灵鸟"，早睡早起，养足精神，提高白天的学习效率。

2．学会自我减压。

学生的学习负担本已很重，老师、家长的期望，又给学生心理加上一道砝码，一些学生自己对成绩、考试等又看得很重，无疑是自己给自己加压，必然不堪重负，变得疲惫、紧张和焦躁，心理上难得片刻宁静。因此，我们要学会自我减压，别把成绩的好坏看得太重，一分耕耘，一分收获，只要我们平日努力了，付出了，必然会有好的回报，又何必让忧虑占据心头，去自寻烦恼呢？

3．做些放松训练。

舒适地坐在椅子上或躺在床上，然后向身体的各部位传递休息的信息。先从左脚开始，使脚部肌肉绷紧，然后松弛，同时暗示它休息，随后命令脚脖子、小腿、膝盖、大腿，一直到躯干部休息，之后，再从右脚到躯干，然后从左右手放松到躯干。这时，再从躯干开始到颈部、到头部、脸部全部放松。这种放松训练的技术，需要反复练习才能较好地掌握，而一旦你掌握了这种技术，会使你在短短的几分钟内，达到轻松、平静的状态。

4．做些集中注意力的训练。

我国著名的数学家杨乐、张广厚，小时候都曾采用快速做习题的办法，严格训练自己集中注意力。这里给大家介绍一种在心理学中用来锻炼注意力的小游戏。在一张有25个小方格的表中，将1~25的数字打乱顺序，填写在里面，然后以最快的速度从1数到25，要边读边指出，同时计时。研究表明：7~8岁儿童按顺序寻找每张图表上的数字的时间是30~50秒，平均40~42秒；正常成年人看一张图表的时间大约是25~30秒，有些人可以缩短到十几秒。你可以自己多制做几张这样的训练表，每天训练一遍，相信你的注意力水平一定会逐步提高！

人们常常为了身体强健而进行各种体育锻炼，同样，为了增强我们的记忆力，我们也可以做各种各样的脑力训练。

锻炼记忆力

据意大利《晚邮报》报道，意大利一所大学三名教授进行了这样的一项实验：他们挑选了一位记忆力中等的青年学生，让他每星期接受3至5天、每天一小时、背诵由3个数至4个数组成的数字训练。每次训练前，他如果能一字不差地背诵前次所记的数字，就让他再增加一组数字。经过20个月约230小时的训练，他起初能熟记7个数，以后增加到80个互不相关的数，而且在每次练习时几乎能记住80%的新数字，使得他的记忆力能同一些具有特殊记忆力的专家媲美。

分 析

可见，记忆力通过训练的确可以提高。事实上，古今中外的许多名人学者都通过各种方法来锻炼自己的记忆力。马克思从少年时代开始，坚持不断地用一种自己不太熟悉的外语去背诵诗歌，有意识地锻炼记忆力；列夫·托尔斯泰也是采用背诵的方式锻炼记忆力。他说："背诵是记忆力的体操。"每天早晨，他都严格要求自己强记一些单词或其他方面的东西，以增强记忆力。宋代词人李清照采用与丈夫比赛竞猜某典故出自某书的方式，在兴趣盎然的娱乐中，巩固了知识，增强了记忆。

专门研究锻炼记忆力方法的美国学者布鲁诺·弗斯特说："要具备一个可靠的记忆力，必须每天花费一刻钟到半个小时的时间，做一套有计划的脑力练习，复杂的或简单的均可，只要能迫使你去动脑筋。"下面给大家介绍几种行之有效的记忆力训练方法：

1．积极暗示法。

许多人之所以记忆力不佳，是由于对自己的记忆力缺乏自信。在面对一份要记的材料时，这些人常常想："多难记啊！""这么多，我能记住吗？"这种想法是提高记忆力的最大障碍。美国心理学家胡德华说："凡是记忆力强的人，都必须对自己的记忆充满信心。"要想树立起这种信心，就要进行积极的自我暗示，经常在心中默念："我一定能记住！"当你对能否记住缺乏信心时，也可以回忆自己过去的成功经验。如"我曾在全班各科考试中成绩排前五名"，"我几岁的时候就能背许多唐诗"。当这些过去良好的记忆形象再次浮现时，会增强你"一定能记住"的信心。

2．精细回忆法。

我们在平时的学习和生活中，识记了很多东西，却很少去回忆。识记和回忆之间的不平衡，使我们的记忆变得十分模糊。

经常回忆，回忆得尽可能精细，是锻炼记忆力的好方法。比如，回忆一间你非常熟悉的房间，想一想房间里都有什么？门窗

朝哪开？家具都摆放在哪里？墙上挂有哪些装饰品？暖气片和电灯开关在什么地方？等等。要回忆得尽量完整无缺，当你再次回到该房间时，检查一下你遗漏了什么。

想一想一小时前你在做什么？你在哪里？和什么人在一起？你们在一起都说了什么？那个人长得什么样？你如何向别人描述他的长相？

回忆一下你最近看过的电影，电影里都有哪些主要人物？发生了什么事？他们都做了什么？结局如何？要尽可能回想电影中每一个镜头。

回忆一下你童年的伙伴，你们在一起都做过什么？还能记起他们的名字吗？他们的家都住在什么地方？

3. 奇特联想法。

联想是促进记忆的一种方式。比如，我们遇到一个生字：

咩。该字由口和羊组成，口即嘴，羊的嘴，除了吃草，还会叫。羊怎么叫，"咩……"字义出来了，字音也知道。咩，羊叫之声，读 miē。奇特联想是联想的一种，是将要记的东西在头脑中人为地形成一定稀奇古怪的联想，从而帮助记忆。比如，要想记住"狗、自行车"这对词，我们可以想象"狗骑着自行车在马路上逛来逛去"。有人要记"火车、河流、风筝、大炮、鸭梨、黄狗、闪电、街道、松树、高粱"共10个词，他形成如下奇特联想：一个人登上了高速的火车，火车在河流上奔驰，河流上飘来一个大风筝，风筝上架着一门大炮，大炮的炮筒里打出来一只鸭梨，鸭梨打进黄狗的嘴里，黄狗像一道闪电，迅速地跑过街道，爬上一棵老松树，咬住了老松树上长着的一棵高粱。

4. 限时强记法。

在规定的时间里去背诵一些数字、人名、单词等等，可以锻炼博闻强记的能力。比如，在3分钟内，背诵圆周率（π）小数点后30位数字：141592653589793238462643383279；在2分钟内，背诵10个陌生的人名；在10分钟内，背诵10个外文生词。

5. 词忆保健操。

在头颈后部找到"天柱"、"风池"二穴，将两手交叉于脑后，用拇指的指腹按压这两个穴位，每次按压5秒钟，突然加压，然后将拇指移开，按压5至10次后，会感到头脑清醒。学习和生活的经验告诉我们，记过的东西并不能永久地保持在大脑里，而是要发生遗忘。然而，为什么会发生遗忘呢？这其中有什么规律吗？

防止遗忘

案 例

　　在国际心理学史上，最早对遗忘进行系统研究的是德国心理学家艾宾浩斯。艾宾浩斯以自己为被试者，实验中要记忆的材料是一些无意义音节。他创造了一种测量遗忘数量的方法即节省法。艾氏首先将无意义音节学到恰能背诵的程度，记下学习所用的时间或次数，间隔一定时间后，由于遗忘而不能背诵，再重新学习达到背诵的程度，记下第二次学习所用的时间或次数，然后计算一下第二次比第一次节省的时间或次数，并计算出不同时间间隔后记忆保持的比率或遗忘的比率。实验结果表明：学习后经过1小时，就遗忘55.8%，经过1天，遗忘率为66.3%，经过2天，遗忘率为72.2%，经过6天，遗忘率为74.6%，经过31天，遗忘率为78.9%。

分析

在艾宾浩斯以后，其他人所做的实验，也得到类似的结果。这些实验结果一致表明：遗忘并不是人们以前认为的是在记忆以后过了很久才开始的。事实是识记之后遗忘立即就发生了，而且如艾宾浩斯所说："开始遗忘是很快的，而在最后遗忘是很慢的。"可见，遗忘的速度是不均衡的，先快后慢，先多后少，这是遗忘的基本规律。

记忆之后为什么会发生遗忘呢？所谓遗忘是指对识记过的材料不能再认或回忆，或者错误的再认或回忆。遗忘主要有两种类型，即永久性遗忘和暂时性遗忘。经历过的事情、学习过的材料，不经复习就永远不能再认或回忆，这叫永久性遗忘；由于干扰刺激而导致的遗忘，在干扰刺激消除后，记忆是可以恢复的，这种不经复习就自行恢复的遗忘叫暂时性遗忘。对于遗忘的原因是众说纷纭，但主要有两种解释：一是痕迹消退说，认为记忆会在大脑留下痕迹，痕迹不被强化而消失，就表现为遗忘；二是干扰说，认为已经输入并贮存的信息受到干扰刺激的影响就会遗忘。目前，人们认为干扰说对记忆后遗忘原因的解释更为可取，并有实验依据的支持。

不管遗忘的原因如何，遗忘的发生是客观的事实。而遗忘的基本规律是先快后慢，先多后少。根据这一基本规律，我们为了防止遗忘首先就要及时复习。许多学生认为学习之后，不过很长时间没有复习的必要。而实际上，经过很长时间，该忘的都已经忘得差不多了，这时再去复习，几乎相当于重学，需要付出大量的时间和精力，这正如"趁热打铁"的道理一样。及时复习，可

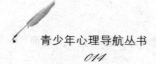

收事半功倍之效；相反，如果延迟复习，就只有事倍功半了。

及时复习，说来简单，实际上常常被同学们所忽略。许多同学是课堂上学完的东西，课后就抛在脑后。直到要考试了，才想起看书复习，搞突击，开夜车。这种复习方式无异于"临渴掘井"，最终只能搞得自己"焦头烂额"。及时复习，就要把功夫用在平时，具体做法如下：

1. 当堂复习。

首先要认真听好老师每堂课的小结。一般在每堂课快结束时，教师都要对当堂课所讲授的内容或者是学生自学的内容进行归纳和总结，这是复习的好时机。有的同学对教师的小结不重视，觉得课堂上都讲过了，不用再重复了，剩下的几分钟就在等待下课中浪费掉，这是很不值得的。即使老师在课堂上没做小结，我们也可以自己利用下课前的一二分钟或下课后的一二分钟，对照黑板上教师的板书，将当堂课的内容在头脑中像"过电影"一样迅速过一遍。笔者高中时的一名同学就是这样做的，每到下课时，大家都立刻起身离开座位活动或说说笑笑，惟独见他一个人坐在座位上一动不动，口里还似乎念念有词，过了一两分钟之后他才起身活动。同学们问他做什么，他说想一想当堂课的内容。高中毕业时，这名同学以优异的成绩考入清华大学物理系。

2. 当天复习。

一天的课上完之后，最好在当天睡觉前，将白天所学的内容再复习一遍。一般可安排在当天的课后作业之前，将老师当天讲的内容回忆一遍，可结合着课堂笔记进行复习。回忆时想不起来的内容，通过看笔记及时补上。

3. 周末复习。

一周的课程结束之后，利用周末休息的时间将一周来学过的内容系统地复习一下。复习时可采取浏览课本或课堂笔记的方式，边浏览边回忆有关的知识。

　　学过的知识经过以上三次复习，那么学习之后最初发生的迅速而大量的遗忘，会被有效地防止。

尝试回忆法的应用

复习是每个学生都要经历的一个重要学习环节，特别是考试前的总复习，从早到晚都处于紧张的复习状态之中。无论是平时的复习，还是考前的复习，一提到复习，有的同学想到的就是一遍遍地看书或者笔记，直到把要复习的内容都背诵下来为止。一名同学在考历史前把老师留的复习题从头到尾读了六七遍，自以为该记住了，结果考试时复习过的题目出现了，可还是答不上或答不全。这位同学事后十分懊恼，觉得自己复习得很认真，可还是没考好。那么，该怎样复习效果才比较好呢？

分 析

宋代教育家朱熹在《读书之要》中曾谈到读书、思考与记忆的关系，对我们的复习很有借鉴意义。他说："读书之法，读一遍了，又思量一遍；思量一遍，又读一遍；读诵者，所以助其思量，常教此心在上面流转。若只是口里读，心里不思量，看如何也记不仔细。"

朱熹强调读书时并非单纯的阅读，而是应将读书与"思量"结合，反复交替进行。他所说的"思量"是思考与回忆的结合，把读过的内容"思量一遍"，就是将读过的内容动脑回忆一遍。

将朱熹的读书法用于我们复习所学的知识，我们可以采用阅读与尝试回忆相结合的方法。

心理学家的实验证明，把阅读和尝试回忆相结合，可以使记忆的效果大大提高。前苏联心理学家伊万诺娃在实验中，让学生识记一段课文。A组学生是单纯阅读组，将要识记的课文从头到尾反复阅读四次；B组学生是阅读与尝试回忆结合组，阅读一次，尝试回忆一次，再阅读一次，然后再尝试回忆一次，如此交替进行。在记完之后的1小时、1天和10天，分别对两组学生的记忆成绩进行测验。结果发现，单纯阅读组的成绩分别是记住了课文的52%、30%和25%；阅读与尝试回忆相结合组的成绩是记住了课文的75%、72.5%、57.5%。可见，单纯阅读组不仅记住的少，而且遗忘得也快，而阅读与尝试回忆相结合组不仅记住的多，遗忘得也较慢。

为什么阅读和尝试回忆相结合能提高记忆效果呢？这是因为：第一，在尝试回忆中，有我们思维活动的参与，使我们的大脑始终保持积极状态，不会因为单纯地反复诵读而使人陷入枯燥乏味的境地；第二，这种方法能使我们自我检验复习效果，及时知道哪里记住了，哪里没有记住或记错，这样在下一次阅读时就更有了针对性，对于尝试回忆时没有想起来的地方给以特别的留意，把"好钢"用在"刀刃"上，合理分配我们的精力；第三，这种方法会使我们感到每一次复习都比上一次更有收获，及时了解自己的点滴进步，复习起来更有信心。

许多同学在复习过程中都曾自发地采用过这种阅读与尝试回忆相结合的方法，并取得了较好的复习效果。但也有一些同学在采用这种方法时用于尝试回忆的时间很短，想不起来就不再提了，绝大部分时间还是用于阅读，效果并不十分理想，原因是没有掌握此种方法的精髓。

尝试回忆的精髓在于将积极的思维活动寓于记忆之中，正确处理好记忆与思维的关系。我国的法学家张友渔在谈到记忆与思维的关系时说："我学习的特点之一，是重思考，不太重记忆。在读私塾的时候，有'回讲制度'，就是在老师讲过书后，学生去复习两三天，然后讲给老师听。老师可以根据学生'回讲'的情况来检查学生的学习效果。我在'回讲'时，常比一般的同学讲得好。有人说我是记忆力好，把老师讲的话全记熟了。其实不是，我是用思考帮助记忆。"可见，记忆离不开思考。

那么，阅读与尝试回忆的时间比究竟为多少才是最佳的呢？对此，美国心理学家盖茨曾做过专门的实验研究。他让被试者学习无意义音节和传记文章，各用9分钟时间。被试者被分成五组：A组将全部时间用于反复阅读，B组将1/5时间用于尝试回忆，C组将2/5时间用于尝试回忆，D组将3/5时间用于尝试回忆，E组将4/5时间用于尝试回忆。学习之后即时进行一次测验，4小时后又进行一次测验。结果发现，对于无意义音节的记忆成绩随着用于尝试回忆的时间增多而提高，最佳成绩为将4/5时间用于尝试回忆；对于传记文章的记忆成绩随尝试回忆的时间增多而逐步提高，最佳记忆成绩为将3／5时间用于尝试回忆（尝试回忆时间增加至4／5时，成绩保持不变）。因此，要想提高复习效率，我们应做到以下几方面：

1．将单纯阅读与尝试回忆相结合。

我们应该改变复习时只是单纯的重复阅读的方法，而应将阅读与尝试回忆结合起来进行复习。无论是看书复习，还是看笔记复习，我们可以采取读一遍书或笔记，然后把书或笔记合上，或闭上眼睛将读过的内容回忆一遍，然后再阅读、再回忆，反复交替进行。

2．掌握好阅读与尝试回忆的时间比。

根据实验结果，对于有意义的学习材料，阅读与尝试回忆的最佳时间比为2：3。2／5时间用于阅读，3／5时间用于尝试回忆。换句话说，用于尝试回忆的时间要比用于阅读的时间还要略多一点。因此，千万不要在尝试回忆上吝惜时间，要开动脑筋，努力回忆！

边看、边听、边读、边想、边写，这便是高效记忆的秘诀。

感觉器官动起来

案 例

假如给你一篇英语短文，请你把它背诵下来，那么，你会用什么方法记忆呢？是默不作声地一遍遍看，还是一遍遍大声朗读，抑或是一遍遍用笔写出来？

一名在大学二年级就顺利通过大学英语六级考试的大学生，在介绍自己学习外语的方法时谈到："以往学习英语，只注重用眼睛去看，用脑子去记，能够记住一些单词和语法规则，能够看懂一些文章，就已经很满足了。然而，这样学习的结果只是记住了一些枯燥的英语知识，当我们需要运用这些知识去进行言语交流时，我们既听不懂，也说不出，学的是'哑巴英语'和'聋子英语'。上大学后，在老师的指导下，我认识到，以往那种单纯依靠视觉去记忆，是很难真正学好英语的。我开始按照听、说、读、写四个方面的要求去改进自己的学习。我买了一个'随身听'录音机，利用一早一晚、走路、排队买饭等零星时间听英语磁带，每天坚持，半年左右，我的听力大大提高了。在听的同时，每天坚持朗读英语课文、写英文日记。在课余时间经常尝试用英语与同学对话，到学校的'英语角'用英语与陌生人交流。

我感到英语学习变得有趣起来。就拿记单词来说，我首先是将一个生词大声读几遍，力求读得准确，同时用耳朵仔细听，在头脑中留下一个清晰的声音形象，然后用笔写几遍去记单词的拼写。这种以'听说为先导，以听说带动读写'的学习方法，使我的英语水平迅速提高。"

分析

这名大学生的学习经验表明，在学习和记忆过程中，运用各种感觉器官，使学习材料、信息通过听、读、看、写等多种感官通道，比单用哪一种感官的效果都要好。一般来说，人们所接收的信息主要来自视觉和听觉。在一项实验中，让被试者识记10张图片，结果单靠视觉记忆的效果为70%，单靠听觉记忆的效果为60%，而将视觉和听觉结合的记忆效果为86.3%。也就是说，在一般人身上，通过视觉去记忆学习材料效果最好，因为在学习中，视觉参与的最多，起的作用也就最大。其次是听觉记忆的效果也较好。此外还有通过运动觉、嗅觉、味觉等进行的记忆。有些人，通过单一感觉渠道记忆的效果极佳。比如，有人能"过目不忘"，一些作家、画家的视觉记忆高度发达，在写作和绘画中能够重现许多以往只是粗略地看过的事物；音乐家的听觉记忆高度发展，一篇音乐作品，他们只要听过一遍，就能将乐谱精确地再现出来；一些舞蹈家、运动员的运动觉记忆是高度发达的。但心理学的研究发现，大多数人是混合型记忆的。心理学家对1 000多名10岁到20岁的青少年进行研究的结果发现，属于单纯视觉类型的为2%，单纯听觉型的为1%，单纯运动觉型的为3%；16%属于视觉—听觉类型；33%属于视觉—运动觉类型；9%属于听觉—运动觉类型；36%属于无差别类型，即混合型。

我国心理学家卢仲衡研究发现："事实上，纯粹类型的人很少，多数人在记忆文字材料时，视觉类型占着主要的地位。但是大多数人是混合型的，例如，读书时候头的动觉或发出微小的声音，记忆中文或外文的生字时，还要在纸上写一二遍才能熟记等。"

可见，仅仅靠视觉去记忆，或其他单一渠道去记忆并不可取。我们在学习和记忆中应该做到如下几方面：

1. 多种感官协同活动。

美国的一个统计资料报告识记的保持率是：视觉83%，听觉11%，嗅觉3.5%，触觉1.5%，味觉1%。可见，使用视、听、运动等多种感官协同活动可以提高保持率，达到最佳记忆效果。因此，无论我们学习和记忆什么学科的知识，都应力争动用多种感官去帮助记忆。比如，上课时，我们用听觉去听教师的讲解的同时，我们用视觉去看教师的表情动作和板书演示，运用运动觉去记笔记、朗读课文或回答问题等。这样，在学习时，把各种通道充分地利用起来，就会使大脑皮层的相应部分建立多渠道的联系，留下很多"同一意义"的痕迹，从而使记忆得到加强。我国最早的教育专著《学记》中写道："学无当于五官，五官不得不治，"也是强调在学习时，使五种感官都参与进来。许多学者强调在学习时应该做到"五到"，即心到、眼到、耳到、口到和手到。这是很有科学道理的。

2. 多朗读。

为了避免学习、记忆时只是默不作声地看，我们提倡大声朗读。当我们出声朗读的时候，不仅要眼睛看、口里读，而且要心里想、耳朵听，几种感觉器官同时开动起来，增强了刺激，加深了痕迹，记忆效率自然提高。日本心理学家高木重郎就强调指出："一般来说，朗读比较好记。尤其是在头脑不清醒的时候，更应该清楚地读出声来。这是因为朗读会给大脑以刺激，思想容易集中于一点，整个身心好像进入了'临战'状态。"因此，我们在学习各种知识时，在不影响别人的情况下，应该尽可能地出声朗读几遍，特别是对于语文和外语的学习，朗读的作用尤其重要。

在操作中记忆

如果能将需要学生记忆的对象，变成学生实际的操作活动，那么，即便没要求记忆，也会记得比较好。

心理学家查包洛赛兹曾做的一个实验证明了这一点。在实验中，他要求甲乙两组学生绘制几何图形。发给甲组装好的圆规，发给乙组的是需要自己动手装配的圆规零件。完成绘图之后，出其不意地要求两组学生，尽可能准确地画出他们刚才用过的圆规。结果，甲组只画出圆规的大体框架，在一些重要的细节上与真正使用过的圆规相差甚远。而乙组无论是在圆规的整体结构还是重要细节上，与实验中所使用的圆规都更接近，更准确。

动手做习题也是一种操作，学生在做习题的过程中，越是积

青少年如何调整学习心理

极地活动，越是积极地思维，那么，记忆的效果也就越好。陈千科在一项实验中让小学一年级学生、三年级学生和大学生做三种类型的算术题。第一类是解答用15个数字已经编好的算术题；第二类是给出15个数字，学生自编算术题并运算；第三类是学生自己确定15个数字，然后自编算术题并运算。算完后，让他们回忆题中所用的数字。结果，对第三类题，回忆出的数字最多，其次是第二类题，最后是第一类题。斯米尔诺夫使用语文材料做了另一个实验，先给大学生8对句子，要求他们指出每对句子说明什么语法规则，然后要求他们按照这些规则自造8对句子。结果，让他们回忆句子中所用过的词时，他们从给定的句子中回忆出24个词，而从自己造的句子中回忆出74个词。

为什么会出现如此不同的效果呢？斯米尔诺夫在解释这类实验的结果时说："这些显著差别的原因看来在于：在一种情况下，材料是以现成的形式给予的，而在另一种情况下，它是在积极的活动中出现的。"很显然，记忆现成的东西，没有更多的操作活动，是一种单调、死板的记忆；而在积极的活动中进行记忆，不仅要动脑，还要动手操作，这就是我们所说的操作记忆。操作记忆所以比那种单调、死板的记忆效果好，是因为在操作记忆中，要求学生有高度的积极性和独立性，在积极的、独立的活动中，学生的注意力高度集中，所识记的材料就容易被清晰地感知、被深刻地理解，从而印象清晰而牢固。另外，在操作记忆中，学生的思维活动也是高度积极的。同样是15个数字构成的算术题，经过自己独立思考、积极参与编出的题，小学三年级学生能记住11个数字，而现成的题，只记住了其中的4个数字。可见，在操作记忆中，不仅包含更多的身体的活动，而且包含着更多的思维活动，因而记忆效果才不同凡响。

根据操作记忆的规律，我们在学习中应注意以下几点：

1. 重视实验。

实验课是我们动手操作的最好时机，千万不要轻视实验，觉得只要把书上讲的知识记住了，做不做实验无关紧要，这是不对的。动手实验，不仅能加深对所学知识的理解，而且会巩固我们对所学知识的记忆。物理、化学、生物都有一些专门的实验课，让我们到实验室去亲自动手实验。即使不是专门的实验课，在课堂上，教师也常常在讲桌上做各种各样的演示实验，这时，我们也应该仔细观察，尽可能地参与。当老师请一两个同学到前边给大家演示时，更不要放过这样的机会，大胆地去做，这将给你留下深刻的记忆印象。

2. 多提问、多发言。

当自己在学习上遇到了不懂不会的问题，经过自己独立思考也未能解决时，一定要向老师或同学请教，给予个别帮助指导，直到弄懂为止；当课堂上老师面向全班同学发问的时候，要大胆地举手，踊跃地发言，回答问题，或在黑板上书写，或到讲台上讲演，主动将自己的答案讲出来、写出来；当同学们对某一问题展开争论时，要积极地参与进去，不要在一旁当观众旁观旁听，要当主力队员，在争论中，敢于将自己的不同观点亮出来与别人交锋，在这些场合下，我们所掌握的知识一定印象深刻。

3. 多做练习。

多做练习也是掌握和巩固知识的有效方法，除了听老师在课堂上讲的以外，还要自己动手，认真演练，多做练习。除了基本练习，还要做一些具有一定难度的、需要经过一番思考才做得出来的题目。

4. 学以致用。

学习知识以后，应用知识去解决一些实际问题也是一条巩固知识的好途径。比如，学了外语以后，我们不仅要多阅读，还要找机会、创造机会去多说多写，在语言的交际中，既运用了知识，又巩固了记忆；学了物理学的电学知识，就应该能够安装电灯，修理简单的家用电器；学了生物学，就应该在家禽饲养、农作物栽培中实践所学的知识。经常应用知识，知识就可以转化为技能、技巧，而一旦形成技能、技巧常常是受益终身的。

归类记忆法的应用

有人学外语喜欢背词典记单词，但按字母顺序编排的单词之间根本没有内在联系，因此，很难记住。如果将成千上万个杂乱无章的英语单词，一个一个分门别类，加以归纳整理，都交上"朋友"，攀上"亲戚"，使其条理化，建立内在联系，找出其规律，这样，"死"的单词就可以活起来。

某校高中生陈骐骐就采用了这种分类记忆单词的方法。她将学过的单词按各种标准分成了类，比如人物、交通工具、动物、植物、服装、颜色、动作、数字、星期、月份等等。她说："采用这种分类归纳记忆单词的方法可以做到触类旁通，举一反三，也可以做到记住一个，认识一片。犹如认识一个人，去他家拜访，可以认识其父亲、母亲、哥哥、姐姐、弟弟、妹妹等一家人。将这些有内在联系的单词串起来，形成一个记忆链。万一忘了其中一个词，只要想到同类中另一个词，这个记忆链就有可能帮你将忘了的单词追忆回来。因为你识记的单词已经在记忆链中'落户'了，也有了'亲戚朋友'。这样，单词不再孤单。每当学习新词的时候，很快将它归类到某一记忆链中，这样记单词既有趣，又不容易忘。"

分析

可见，在记忆活动中，善于将所学知识予以整理，分类归队，构成系统，对于提高记忆效果是非常必要的。

心理学实验证明，归类可以提高记忆效果。美国学者鲍维尔用112个词让两组被试者识记，一组按词的种属关系分类组织起来识记，另一组则随机识记。结果，分类组织组四次识记的词数分别为73、106、112、112，而随机组分别是20.6、38.9、52.8、70。在前苏联心理学者所做的一个实验中，用15张图片，让甲乙两组小学生、中学生和成人进行记忆。对甲组除提出记忆的目标外，还给予运用归类法的指示；对乙组则只提出要记忆的目标，不给予运用归类法的指示。实验结果表明：甲组小学生的记忆成绩为12.4，乙组小学生则为9.8；甲组中学生的记忆成绩为14.3，乙组中学生则为10.3；甲组成人的记忆成绩为14.1，乙组成人则为11.5。很显然，无论中小学生，还是成人，运用归类法的记忆效果都好于不运用归类法的记忆效果。

归类就是按照事物的同一特点或属性，把它们归在一起，划成一类，使分散的趋于集中，零碎的组成系统，杂乱的构成条理。从信息论的观点来看，归类即分类和系统化，这是信息编码的一种最主要的方式，经过分类编码的信息，最容易在记忆的信息库里储存，也便于信息的提取。美国心理学者莫利在一项实验中给儿童一组包括家具、动物、交通工具和衣物等类别的图片，并且在呈现时，同类图片互不相邻，让儿童尽可能记住这些图片，并告诉儿童，若他们感到必要，可以随意移动图片。结果，在记忆过程中将同类图片排列在一起越多的儿童，在回忆时按类别回忆的比率越高，而且总的回忆成绩越好。也就是说，回忆成绩好的原因，是因为采取了分类编码和分类提取的策略。

根据以上分析，在我们的学习和记忆过程中，为了提高效率，应该做到以下几点：

1. 善于将所学知识归类。

归类法能够提高记忆效果，这已为心理实验所证明。许多学生的学习实践也同样证明了这一点。某市中学生数学竞赛第一名获得者李骏同学能记住数学中大量的概念、定理和公式，也是由于他善于将这些概念、定理和公式加以整理和进行归类的缘故。一名《文汇报》的记者在介绍李骏的文章中写道："由于李骏善于对数学上的这些概念、公式进行归纳学习，因此，他在解题、证题时就能对这些概念、公式运用自如。"

善于将所学知识归类，就是要开动脑筋，积极思考，对所学知识进行加工整理，并按一定的标准将知识分类，使之系统化、条理化，将同一类的知识集中到一起，便于对知识进行记忆编码、储存和提取。这里的关键是选择好分类的标准，比如，对外语单词的分类，以词义为标准，可以将单词分为同义词或反义词；以词性为标准，可以将单词分为名词、动词、形容词、介词等等；名词又可以分为专有名词、普通名词；普通名词又可以按人物、动物、交通工具等专题继续分类；动词也可以分为规则动词和不规则动词等等。

2. 将所学知识绘成图表网络。

对所学知识进行梳理，按内部结构列成分类图表，或绘制网络图，使知识系统化、条理化，简明、直观，容易记忆。

3. 自制剪报和活页卡片。

为了养成分类记忆的习惯，我们平日里读书看报时，就应有所准备，进行知识积累。随时随地将自己感兴趣的知识剪贴下来，或者做成活页文摘卡片。像图书馆中的索引卡片一样，将每张文摘卡片用一套自己规定的符号加以标记，并分门别类地加以存放保管，日久天长，我们将积累大量的有关某一专题的知识。定期整理和复习这些知识，这些知识就会变成我们自己的知识。

学会理解记忆

黑龙江大学哲学系的一名学生在《死记硬背要不得》一文中写道:"记得在中学里,我的学习方法,主要的就是一个'背'字。当然,公式、概念之类的知识是要背熟牢记的。但我在学习中却是无论碰到什么问题,都要死记硬背。尤其是临近高考时,我几乎天天都在忙于背诵。这个'背'在政治课上表现得最突出。据说'文科就是背'。刚入大学时,党史学科的老师作摸底测验。题出得不难,也不多,可我只得了58分。原来,过去学习全是背的,高考一过就全忘了。期末,为迎接考试,我把过去的拼劲又拿出来了。拿过《逻辑学》来,我也不管理解不理解,死背一通,几乎把全书都背了下来。等考卷发下来一看,全是联系实际的问题,我怎么也对不上号,只得了60分。从全班来看,有85%的同学都是六七十分,还有三名不及格的,而且我们都是应届毕业生考上来的。我苦思冥想，终于找到了病根，是死记硬背把我们给坑了。而这恰恰是我们在中学时的一般通病。"

分析

死记硬背，通常就是没有理解知识的意义，而单纯依靠对知识的重复，依据知识的表面的、外部的联系进行记忆，这是一种机械记忆的方式。在学习中，我们对于像历史年代、元素符号、外语单词等本身没有什么意义或意义很小的材料，常常通过机械重复，才能记住，这就是机械记忆的方式。但需要指出的是，机械记忆并非一定表现为死记硬背，只是经常表现为死记硬背而已。

与机械记忆不同的是意义记忆。在学习中，大多数材料都包含有一定的意义，如科学概念、定理、定律等需要运用已有的知识去进行理解，才能记住，这就是意义记忆，也叫理解记忆。意义记忆是在已有知识的基础上，通过积极思考，根据知识之间的内在的联系进行的记忆。意义识记的效果远远高于机械识记。早在100多年前，艾宾浩斯就在实验中发现，识记12个无意义音节平均需16.6次，识记36个音节需要55次，而识记英国诗人拜伦所著的《唐璜》中的六节诗约80个音节，平均只读8次就能背诵。

我国心理学工作者以小学二年级、四年级和初一学生为被试对象，记忆同一材料时，采用意义识记的正确率分别为58.3%、64.6%和66%，而采用机械识记时的正确率分别为27.5%、30.1%和33.4%。可见，意义识记的效果随年级的增长愈来愈好，而且均好于机械识记的效果，意义记忆在学习中的作用是巨大的。我们所牢固掌握的知识，绝大部分是通过意义识记实现的。因为意义识记是在已有知识经验基础上，运用知识的内在联系，将新旧知识联系起来，使新知识获得意义，从而记得快，保持得长久。年龄越小的儿童，由于缺乏必要的知识经验，在学习和记忆中越容易采取机械记忆的方式，比如记唐诗，几岁的孩子也可以记上几首，但由于不理解，时间一长就容易忘记。而我们成年人记唐诗，由于理解了其中的意境和内涵，因而一经记住，常常终生难忘。

为此，我们在学习中应努力做到以下两点：

1. 在理解的基础上去记忆。

正如歌德所说："你所不理解的东西是你无法占有的。"因此，我们要想真正掌握知识，必须以理解为前提。所谓理解，是建立起事物之间的内部联系，获得意义的一种思维活动。因而，要想理解，首先必须充分开动我们的大脑，调动我们的思维，努力地去思考。对所学的概念、公式、原理、法则和规律等，不仅要知其然，还要知其所以然。对所学的任何知识，我们都应当通过理解回答"是什么"、"为什么"和"怎么样"三个问题。学习知识不能浅尝辄止，囫囵吞枣，而应该注重在理解上下功夫。在这一点上，我们应该向我国的教育家徐特立同志学习。他说："我读书宁肯少些，也要懂得通些。我读了书上每一个字、每一句话以后，就闭着眼睛想想，'这告诉了我一些什么知识呢？'弄懂了，再读下去。这样，读一本，懂一本，牢牢记住。要不，马马虎虎地读，读得多，忘得快，不是白白浪费时间吗？"我们应该仔细体会徐老的这段话，把它用在我们的学习上。

2. 变死记为活记。

对于那些没有明显意义联系的学习材料，如历史年代、数字、外文单词等等，我们可以利用记忆术的一些方法，采用联想、谐音、歌诀等人为的方法去建立起一定的意义联系，帮助记忆，从而提高记忆的效率。例如，圆周率π为3.1415926，可以记为"山顶一寺一壶酒而已"；日本富士山的高度为12 365英尺，可以记为"一年有12个月，365天"；有人将我国除海南以外的省市自治区的名称编成一首歌诀："两湖两广两河山，五江云贵福吉安，四西二宁青甘陕，还有内台北上天。"对于一些难记的材料，我们都可以开动脑筋，赋予一定的形象或意义联系，从而容易记忆。

学会有目的的记忆

案 例

　　心理学家臧可夫以成人为被试者，要求甲组尽可能完全地记住课文，对乙组则不提识记的任务。读完课文后，让他们回忆课文中的句子。结果，甲组被试者平均记住了12.5个句子，乙组只记住了8.7个句子。甲组记忆效果明显地比乙组好。在另一项实验中，心理学家彼德逊让两组被试者在有无识记目的两种条件下，学习16个单词，结果有目的组当时记住14个，两天后还能记住9个；而无目的组当时只记住10个，两天后只记住6个。

分 析

　　不仅有无识记目的会影响识记的效果，而且想记到什么程度，想记多长时间，即识记的具体目的不同，对识记效果也有明显不同的影响。心理学家通过实验证明了这一点。在实验中，让学生识记两段难易程度相同的材料，并事先向学生宣布，第一段材料在学完后的第二天要测验，第二段材料在学完后的一周后进行测验。这样，学生在记第一段材料时只考虑在短期内（2天）记住就可以了，而在记第二段材料时，必须考虑到要在较长时间（一周）都记住，有了长久的识记目的。实际上，两段材料都在两周后进行了测验，结果学生对第二段材料的记忆效果远比第一段的记忆效果要好。

我们在日常生活中，对于一些事情会在无意之中，自然而然地印记在头脑中。比如，看电影时，对于电影中的某些情景，我们久久不能忘怀，这是一种无意记忆的表现。这种记忆事先没有明确的目的，也不需要意志上的努力。能引起无意记忆的，常常是一些生动有趣、能吸引我们注意、激发我们的情感的事物，或者是对我们的生活和工作有重大意义的事情。我们所学习的知识，也有一部分是通过无意记忆获得的。但是，无意记忆带有偶然性、片断性。在学习中，我们为了掌握系统的、巩固的知识，单靠无意记忆是不行的，还必须靠有意记忆。有意记忆事先要有预定的目的，并且需要做出一定的意志努力。比如，我们为了更好地运用所学知识来解答问题，去记住许多的公式、定理、定律；为了理解历史事件的发展过程，去记住有关的历史年代和历史人物；为了更好地理解某一文学作品，去背诵一段课文或一首诗；为了学好外语，每天去背单词等等，都必须调动有意记忆。

有意记忆的关键之处是有明确的目的性。通过前面的实验，我们可以发现，识记的目的越明确，记忆的效率就越高，这是有意识记的一条最重要的规律。精神分析学派的创始人弗洛伊德认为："意图是所有记忆和忘却的基础。人们所记忆的事物，应该是自己想要记忆的事物；所忘却的事物，应该是自己想要忘却的事物。"

心理学研究表明，目的明确所以会提高记忆效果，是因为有了明确的记忆目标，可以集中自己的注意力指向目标，并可以凭借语词信号向自己提出要求："我一定要记住它！"这样，在大脑皮层的相应区域就会形成一个优势兴奋中心，在那里容易形成暂时神经联系，并使之持久地巩固下来。如果记忆目的不明确，那么，注意力随时有可能被分散、被转移，不能形成稳定的优势兴奋中心，记忆效果自然就差了。此外，一旦有了明确的目的，我们在记忆中，就会运用我们坚强的意志，去克服记忆活动中的种种困难，使之成为记忆活动的助推器和加油站。

为了贯彻目的明确会增强记忆效果这一重要规律，我们在学习过程中应注意以下几点：

1. 给自己提出精确记忆的明确目的。

我们有些同学平时读书学习，完全没有记忆的目的，只是凭兴趣，随随便便去阅读，当时脑子里还有些印象，等过了一段时间，读过的内容在脑子里已是一片空白。前面介绍的实验中也可以看到，同一篇课文，提出明确记忆的目的，与不提记忆要求，单纯阅读相比，记忆的句子数量明显要多。因此，我们在学习中，为了提高记忆的效果，首先应当给自己提出尽可能精确记忆的明确目的。

2. 给自己提出长期记忆的目的。

许多同学在记忆知识时，是有目的的。比如，为了应付老师在课堂上的提问，在课前匆匆忙忙去记，老师提问时，恰好刚能回答上，可是过后常常忘得一干二净。更多的同学为应付考试而记忆，考试前一两天突击记忆，考试时也能勉强过关，考试过后也很快忘却。凡此种种，都是一种在学习上不负责任的"短期行为"，应力求避免。我们应该从真正掌握知识出发，努力要求自己将所学知识长久地记住，那么，我们记忆的效果通常会更持久。当然，也并非学习的任何内容都要求长久地记住。我们可以根据知识的重要性程度、知识的类型，来确定记多久或记到什么程度。只要我们运用这个规律，在记忆过程中，能够克服盲目性和随意性，认清记忆的不同任务，那么就可以增强记忆的效果。

灵活运用部分整体联合法

　　许多中学生在学习外语时的一种方法就是将学过的课文都背诵下来。但大家采取的具体方法却各不相同。有一个英语教师曾在所教的学生中调查背诵英语课文的方法，结果，绝大多数同学采取的是一段一段地去记的策略，少数同学采取的是整篇文章一起记的策略。采用分段识记策略的同学采用的方法又有几种：第一种方法是先记课文的第一段，将第一段记熟之后再记第二段，第二段记熟后再记第三段，直至整篇课文；第二种方法是记熟第一段后，记第二段，记熟第二段后不急于记第三段，而是将前二段合起来复习一遍，然后记第三段，第三段记熟后，再把前三段复习一遍，之后记第四段，以此类推，直至整篇课文。有一名同学采用的方法与众不同。他说："我背诵课文时，先是将整篇文章通读一至两遍，了解了文章的大概意思后，开始一段一段地去记，每一段读几遍直至记住为止，然后记下一段，记完最后一段后，再从头到尾把文章整个读一遍，把各段连贯起来。"无论采取哪种方法，大家都认为自己的方法可行，因为最终都能将课文背诵下来。

分析

将一篇文章是分段记忆，还是整个记忆，这是指在记忆内容上的一种分配方式。将一篇文章从头到尾一遍又一遍地记，直至将整篇文章记熟为止，这叫整体学习法；将一篇文章分成几个部分，记熟一个部分，再记下一个部分，直至将各部分都记熟为止，这叫部分学习法。那么，这两种不同的分配策略，哪一个更好呢？

心理实验证明：整体学习法优于部分学习法。在一项实验中，让被试者去记忆不同长度的诗歌，一部分被试者采用整体学习法，一部分被试者采用部分学习法。结果是学习20行、30行、40行、50行、60行、120行、240行的诗，采用整体学习法的被试者比采用部分学习法的被试者节省的时间依次为12%、13%、9%、12%、22%、17%、19%。在另一项实验中发现，整体学习法记忆保持的效果也优于部分学习法。识记过的材料经过二年后，用整体学习法的，能回忆16.6%，用部分学习法的只能回忆9.4%。

为什么用整体学习法会优于用部分学习法呢？这是因为整体学习法容易抓住学习材料的中心思想，根据其中心思想，很容易理解材料的各个部分之间的内在联系，不必再花时间把各个部分联结起来，这样采用整体学习法可以节省一些时间，而且在理解了整篇文章的内在联系的基础上去记忆，保持的也就更长久。相反，部分学习法不易抓住一篇文章的中心思想，把整篇文章分解为一个个孤立的段落，一个段落一个段落地去记忆，很难把握各段落之间的内在联系，因此，学习之后，还得花很多功夫将各个段落联结起来。这样既浪费了较多的时间，又会由于在没有充分理解的基础上去记忆而使记忆的持久性降低。

既然整体学习法优于部分学习法，那么，我们在学习时是否应只用整体学习法而排斥部分学习法呢？当然也不是。尽管一般来说，整体学习法优于部分学习法，但并不是说整体学习法就没有缺点，也不是说部分学习法就一无是处。实际上，整体学习法也是有缺点的：对于一篇很长很长的文章，要一下子从头到尾都记住，容易感到疲劳，有时会使人望而却步，丧失信心。而且，对各个段落不管难易程度如何，均花费同样的时间和精力，也不够合理。而部分学习法的优点也不少：一段一段地去记忆，采取"各个击破"的方式，很容易看到成绩，增强信心。而且，对于某些较容易记的段落可以少花些时间和精力，对于那些较难记的段落则可多花些时间和精力，合理安排，避免了浪费。因此，有许多同学习惯采用部分学习法也就不足为奇了。

如果将一篇文章先从头到尾通读一至数遍，然后再分段去诵读和记忆，最后再从头到尾通读，直至能熟记为止，这种整体—部分—整体相结合的方法，我们称之为联合学习法。实验证明：联合学习法是最佳的学习方法。沙尔达柯夫在实验中将被试者分为三组，使用整体法、部分法和联合法识记同一首诗。结果熟记所需时间分别为：整体法8分钟，部分法16分钟，联合法6分钟。而且20天后回忆时需要提示的次数分别为：整体法4次，部分法7次，联合法1.5次。联合学习法所以最为出色，显然在于它将整体学习法与部分学习法的优点结合起来了。根据以上分析，我们建议如下：

　　1. 学习材料较短且较容易时，可采用整体学习法，这时整体学习法较部分学习法的优势可得到充分发挥；

　　2. 学习材料较长且较难时，应采用联合学习法，充分发挥出整体学习法和部分学习法各自的优点，并使之达到最佳的配合。

记忆的薄弱环节

美国心理学家金斯利以大学生为被试者，进行学习实验，让他们按呈现材料的顺序依次记忆三组材料。甲组为15个无意义音节，乙组为15个彼此不相关的英文单词，丙组为15个意义相关联的单词。学习之后，对所记材料进行回忆测验。结果发现：越是最先呈现的材料和越是最后呈现的材料，回忆出的人数比例越高；越是接近中间部分呈现的材料，回忆出的人数比例越低。也就是说，序列材料的两端记得比较牢，而中间部分容易遗忘。在回忆无意义音节材料时，这种现象最为明显。68名大学生中，对第1个音节和最后一个音节均有50名以上的人能回忆出来，而中间部分的几个音节，只有几个人能回忆出来，绝大多数人已忘记了；在回忆彼此不相关的单词时，对中间部分材料能回忆出的人数明显增多；在回忆意义相关联的单词时，对材料中间部分的回忆率进一步增加，但两端记得多，中间记得少的总的规律依然没变。

美国加利福尼亚大学的波斯特曼的实验也表明：序列材料中间部分的遗忘次数相当于两端的三倍左右。范卡尔脱的实验进一步显示，记忆效果最差的不是序列材料的正中段，而是靠近中间偏后的地方。

分析

这种现象被称做序列位置效应，即在多个项目连续呈现的情况下，各项目因其在序列中的位置不同而影响识记后的回忆。一般是最后呈现的项目最先回忆起来，遗忘最少，这称为"近因效应"；最先呈现的项目也较容易地回忆起来，遗忘较少，这称为"首因效应"；而中间呈现的项目最难回忆，遗忘最多，成为记忆的最薄弱环节。

为什么会出现这种序列位置效应呢？主要是由于记忆材料之间的相互干扰造成的。一般来说，后学习的材料、后继活动对先学材料的干扰作用（或抑制作用），叫做倒摄抑制。许多研究都发现这种倒摄抑制的存在。比如，在一个实验中，被试者识记无意义音节后，休息6分钟后进行回忆，回忆率为56%，不许休息而从事其他活动后再回忆，回忆率仅为26%。在彦金斯所做的另一项实验中，要求两名被试者学习无意义音节后，使甲睡眠，使乙照常活动，之后在不同时间间隔测量对材料的保持量，结果发现，睡眠者的遗忘数量明显少于清醒者。这是因为学习材料之后休息或睡眠，记忆材料没有受到后继活动的干扰。后继活动越复杂，消耗的心理能量越多，对先学材料的干扰作用越大。前苏联心理学家斯米尔诺夫在实验中要求被试者熟记名词之后，解答困难的

算术题，然后回忆名词，遗忘率为16%，而解答容易的算术题，然后回忆名词，遗忘率只有4%。研究还发现，倒摄抑制的大小，同先后两种活动、两种学习材料的类似程度有关。两者极为类似，几乎相同，干扰较少，学习后者等于是复习前者；两者极不类似，完全无关，干扰也小；介于两个极端之间，类似程度较高的材料的干扰作用最大。事实上，不仅有倒摄抑制，还有前摄抑制。先前活动、先学习的材料对随后的学习材料的干扰就叫前摄抑制。序列学习材料的前端只受倒摄抑制的影响，后端只受前摄抑制的影响，而中间部分既受前摄抑制的影响，又受后摄抑制的影响，这种前后"夹击"，双重抑制，导致了系列材料的中间部分最难回忆，遗忘最多，成为记忆的薄弱环节。

以上分析带给我们的启示是：

1. 加强系列学习材料中间部分的记忆。

当我们要背诵一篇外语课文、记一首长诗或准备一道较长的复习题时，我们应特别加强对这些材料的中间部分、中间的段落的记忆。在从头到尾通读通记的基础上，对中间部分要多读几遍，多记几遍，加深印象，以防止遗忘。

2. 充分利用一天中早晨和晚上的时间学习。

一天24小时中，早晨和晚上是学习的两个最佳时段。因为在这两个时段里，前摄抑制和倒摄抑制都相对减少，神经细胞活跃，加上环境寂静，干扰较少，因此，注意力容易集中，学习与记忆效率较高。许多作家都善于利用这两段时间进行创作和学习。比如，姚雪垠习惯于早上3点开始写作，诗人艾青每天早晨最有创作灵感；鲁迅晚上挥笔写作，福楼拜则经常通宵写作。作为学生，我们应该利用好这两段时间抓紧学习，特别是将一些需要记忆的知识，如外语单词、公式、定理等安排在早晨起床后和临睡前去记。

3. 交替进行。

注意学习与休息交替进行、不同科目的学习交替进行。

长时间地连续学习或者长时间地学习同一科目的内容，不但会感到疲劳、厌烦，更会使学习内容之间发生各种相互干扰和抑制作用，进而影响学习效率和记忆效果。因此，连续学习一个小时左右，就应该休息一会儿，应将同一学科或者容易混淆的学科的学习安排在不同时间进行。

不要盲目追求记忆速度

许多青少年朋友在学习外语时，感到最头疼的一件事就是单词太多，记不过来。为了能记更多的单词，有的同学想，如果我一天记50个单词，10天就记500个，100天就记5 000个。如果能在百日内记住这么多单词，那么，学习外语不就轻松自如了吗？于是，这名同学第二天一大早就起床了，找出外语书，按照书后词汇表字母的顺序开始背单词，大约用了一个小时的时间，50个单词的任务完成了，背了一遍，第二天，如法炮制，又继续往下背了50个单词，一个星期过去，他已经背了几百个单词了。于是，他在学校里跟同学夸口说："记单词并不那样困难，我一个星期就记了350个单词。"同学不信，便拿来单词表考他，不考不知道，一考便傻了眼，他前面记过的单词几乎都忘了，除了个别常用词早已记住外，其他的词跟生词一样陌生。从此，他对记单词失去了信心，外语学习也变得一蹶不振。

分 析

这位同学的愿望是好的，想在短时间内记住大量的单词本无可厚非，可为什么结果却事与愿违呢？这是因为方法不当，犯了贪多图快的毛病。

俗话说：贪多嚼不烂，心急吃不成热豆腐。记忆知识也是如此。在其他条件不变的情况下，一次记的东西越多，记的效果就越差。最早对人类的记忆进行实验研究的德国心理学家艾宾浩斯当年用无意义音节所做的实验已经证明了这一点。他识记12个无意义音节，平均每个音节需时14秒，识记24个音节，平均每个音节需29秒，识记36个音节时，平均每个音节需要42秒。如果说无意义音节单调、抽象，没有实际意义，不能代表我们对所学习的有用的知识的记忆的话，那么，让我们再看一看心理学家莱温用课文做记忆材料的实验结果：记100个字的课文，需9分钟；记200字的课文，需24分钟，平均每100个字需12分钟；记1 000字的课文，需165分钟，平均每100个字需16.5分钟；记10 000字的课文，需4 200分钟，平均每100个字需42分钟。可见，本来花9分钟就能记住的100个字，如果记忆材料的数量过大，记住100个字的时间将增加至42分钟，记忆效率下降了四五倍。

为什么一次记得越多，效率就越低呢？这是因为，记忆要通过大脑的神经活动来完成，神经活动包括兴奋和抑制两个过程，当神经细胞处于兴奋状态时，记忆效率较高，当神经细胞处于抑制状态时，记忆效率就开始下降。大脑神经活动的兴奋过程和抑制过程是相互转移、交替出现的。当兴奋过程达到一定程度，持续一段时间后，就将转向抑制。所以，当我们一次记忆的材料数量过多时，大脑将由于疲劳而出现抑制，记忆效率自然下降。另外，一次记忆的内容过多时，知识之间还会发生相互干扰，影响对知识的提取，因而当需要提取时，无法准确地再认和回忆。

有的同学可能会问，人在短时间内记忆大量的知识难道是不可能的吗？对这个问题，我们不能一概而论。能够在较短的时间记住较多的东西，这是记忆敏捷性的表现。古人常用"过目成诵"，称赞识记速度快的人。《后汉书·王充传》中记载："（王充）常游洛阳书肆，阅所卖书，一见则能诵记。"《宋史》中记载刘恕"书过目即成诵"。然而，现实生活中，像王充、刘恕这样能过目成诵的人毕竟是凤毛麟角，否则，也没必要在史书中对他们的这种才能记上一笔。心理实验的材料表明：为了熟记一首内容不多的小诗，不同的被试者需要重复10次到20次。可见，人与人之间在记忆的敏捷性上差异很大，不能盲目地追求记忆的速度，追求过目成诵。根据上述分析，我们对你提出如下建议：

1. 一次记忆的数量不宜过多。

我们在学习过程中，常有大量的知识需要我们去记忆，等待着我们去记忆。我们面临着的又是一个所谓"知识爆炸"的时代，一个信息时代，旧知识还没有记住，新知识又在不断地涌现。尽管如此，要想真正掌握知识，真正记住知识，还得一点一滴地去积累，不能指望"一口吃个胖子"。要想真正提高记忆效率，一次记忆的材料数量不能太多。记多少比较适合，也因人而异，要在记忆实践中去摸索出适合自己的规律。拿记外文单词来讲，有的同学一次记5个比较适合，有的同学一次记10个比较适合。检验是否适合的标准，是看记过以后保持的比例。如果记得多，忘得也多，记得快，忘得也快，显然就是不适合的。

2. 采用间隔时间记忆法。

即使记的数量适当，我们也不能在较长一段时间里连续不停地去记忆，中间要留出一定的时间间隔，使大脑得到适当的休息，减少可能出现的抑制。比如，你一天要记10个单词，不必要用整整一个小时连续去记。你完全可以将这一个小时分成六段，在一天的不同时间里分六次，每次花10分钟去记忆。

3. 适当变换记忆的内容。

不要用半天或整天的时间只记一个学科的内容，应该是文科、理科，形象、抽象等不同内容交替学习和记忆。

善于提出问题

案 例

古希腊有一位著名的哲学家，名叫基诺。一次，他的学生问他说："你的知识那么渊博，为什么问题还那么多？"基诺随手画了一个大圆圈，又画了一个小圆圈，小的套在大的里面。他指着圆圈说："这个大的像我，小的像你们。大圆圈掌握的知识当然多一点，但它比小圆圈的圆周长，与外界空白的接触面也就大，因此，更感到知识不足，问题也就多。"

分 析

思维活动起始于问题。爱因斯坦说："提出一个问题往往比解决一个问题更重要，因为解决问题也许仅是一个数学的技能而已，而提出新问题、新的可能性，从新的角度去看旧的问题，却需要有创造性的想象力，而且标志着科学的真正进步。"这正如法国作家巴尔扎克所说："打开一切科学的钥匙都毫无疑问的是问号。"

科学研究是一种严密、系统的思维运动。学生的学习也同样离不开思维的积极参与。在学生的学习过程中，许多同学学习成绩差的原因之一往往是他们在看书、听课或做实验时，不善于发现问题和提出问题，而学习成绩好的同学提出的问题往往特别多。这正如基诺所阐明的那样，能在学习中提出问题，不但不是无知的表现，相反，是认识活动达到一定水平的标志，是深入学习的结果。

可见，在学习活动中能否提出问题依赖于一定的条件。首先，有赖于一个人已有的知识经验的丰富程度。知识不足，对任何事情都感到新鲜，会刺激人提出许多问题。例如，年幼的儿童经常会提出许多问题，但他们所提的问题都是成人的知识经验所能解决的幼稚的问题。在成人中，知识经验不足，特别是当缺乏某方面的专业知识时，反而会妨碍问题的提出，不易看出某方面事物的复杂性，难于觉察其中的问题。第二，有赖于一个人的认识兴趣和求知欲。具有较高认识兴趣和求知欲的人，能在别人不能发现问题的地方提出问题来；或者是能在那些早已被人熟知，甚至是已有公认的解释的事实中，发现新的问题。比如，在学习《少年闰土》一课时，一个学生提出"紫色的圆脸"写了少年闰土的几个特点？老师请他说说是怎么想到这个问题的。这位小同学说："《读写例话》和老师讲解都认为'紫色的圆脸'是说闰土很健康。如果一字一眼地看，我觉得'紫色'是健康的皮肤颜色，至于圆脸，应该是可爱的标志，健康不健康与脸蛋圆不圆没啥关系吧？"一名小同学能提出与书本和老师的见解不同的问题，是不简单的。牛顿正是从苹果熟了从树上落下来这一人们司空见惯的现象中提出新问题，从而发现了万有引力定律。

那么，我们在学习过程中，如何才能更好地提出问题以促进我们的学习呢？

1. 要敢于怀疑前人。

我们所学习的书本知识是前人劳动和智慧的结晶，绝大多数是不容怀疑的真理，但前人的著述里也有不少谬误。因为一个人无论知识多么渊博，也不可能对千变万化的客观世界作出万无一失的完全正确的判断。而且，书本知识中也有不少由于前人排版、印刷、校对时的疏忽而造成后人以讹传讹的错误。因此，对前人总结的知识，我们不要迷信和盲从，要带着一种怀疑的探索精神，大胆地提出问题，实事求是地去加以验证。如果哥白尼不敢怀疑前人的"地心说"并大胆地向教会势力挑战，可能就不会有"日心说"的诞生。美籍华人物理学家李政道说过："遇到问题，不论是什么名家讲的，要敢于问个为什么，敢问前人没有问过的问题。"

2. 善于在学习活动中提出问题。

首先，在预习中提出问题。在预习中，在明确了新课的难点、关键的基础上，自己应该针对如何解决这些疑难点提出问题。预习中提出的问题也有不同的类型。第一类是对预习中所涉及的某些知识全然不懂，一窍不通而发问；第二类是几经思索仍然理不出头绪，知其然、不知其所以然而提问；第三类是通过思索，理出了头绪，得出了结论，但不敢确定正确与否，为做到准确无误，万无一失而发问以求验证。这三类问题，因其中包含的知识占有量不同，而代表着不同的发问水平。但不要因为提出的问题过于简单、怕被人取笑而不敢提问，切记只要是在学习过程中提出的问题，对我们的学习都是有助益的。其次，在课堂上提出问题。在课堂上，要注意倾听老师是如何提问的？为什么会提出这样的问题？要听清同学是如何回答的？为什么这样回答？答案是否正确？如果不正确，应该如何正确回答？尤其是要注意自己在预习时提出的问题，老师通过课堂讲解是如何回答的？是否还有疑问？

最后，在做作业和考试中提出问题。无论是平时做作业，还是参加考试，我们都不应盲目地为做题而做题，每做一道题，都要想一想为什么出这样一道题？它是考查我们对哪方面的知识的掌握程度的？等等。

运用分解思维法

以"派克"自来水笔闻名于世的派克先生,当初只不过是一家销售自来水笔的小店主。热心经营店铺、喜爱研究问题的派克先生每天凝视着自来水笔思索着,想造出高质量、新样式的抢手产品。好长时间过去了,他还没有想出好办法。一天,他突然想到,如果在笔尖、笔帽、笔杆的原料、造型以及灌墨水的方法上改造一下,结果会怎么样呢?这样一来,五彩缤纷的想法出现了:细笔尖、粗笔尖、画双线的笔尖;采用14K金、18K金、白金做原料;旋拧式、插入式的笔帽,外边再加上各种雕刻……一支支新颖的自来水笔造出来了!派克先生首先以流线型、插入式的笔帽形式和结构获得了专利。这就是著名的"派克"自来水笔的起始。

可见，一个复杂的大问题，分成几个部分，分而治之，整个问题常常迎刃而解。我们在学习中遇到的许多问题也是如此。比如，给你一个有六个顶点、六条边构成的六边形，你能够立即求出这个六边角的内角之和是多少吗？从表面上看，似乎无从下手。但如果将其分解为四个三角形，问题就可以迅速解决。因为三角形的内角之和为180度，六边形的内角之和就是四个三角形的内角之和，4×180=720，答案出来了。

所谓分解思维，就是将事物的整体分解为各个部分，或将事物的个别特征、个别方面分解出来加以考虑的思维过程。我们所学习的各个学科的知识都是分解为一个一个的单元、一个一个的小的部分来加以学习的。例如，学习人体生理，就要把人体分解为神经系统、消化系统、呼吸系统、内分泌系统、循环系统、生殖系统等；学习植物学，要把植物分解为根、茎、叶、花、果等；学习语文，我们要把一篇篇课文分解为字、词、句、段落；做数理化的习题，首先要区分出题目中的已知条件和要求解的问题，等等。

分解思维是我们学习各科知识的一种基本思维方式。那么，我们该如何运用分解思维的方式去促进学习呢？

1. 将学习中的难题化解为小问题加以解决。

我们在学习过程中，常常遇到许多难题。当你遇到学习难题时，既不可急于求成，也不应知难而退。这时，我们不妨把问题分解为一系列的小问题，分清哪些问题是主要的问题、本质的问题，哪些问题是次要的、非本质的问题，然后将问题排成先后，

依次加以解决。比如，如果你学习成绩不良，你想改变这种情况，提高你的学习成绩，那么，你就必须从各个方面去分析造成你学业不良的原因，是学习基础差，还是缺乏必要的学习能力？是没有学习兴趣，还是缺乏学习毅力？是老师讲授方法不当，还是自己学习方法不当？如果是学习方法不当，那么是在预习、听课、做笔记、做作业、复习考试哪个环节有问题？通过这种分析，找到自己学习中的最薄弱的环节，一一加以改善。

2. 学会分析问题中的隐蔽条件。

我们在解答习题时，首先要分析问题中包含的各种已知条件。许多同学容易看出那些已经给出的鲜明、醒目的已知条件，而常常忽略或看不到那些隐蔽的、含蓄的已知条件。比如，当学生刚学过角的概念后，让他们解答"F图中有几个角？"时，同学们都能分出∠AOB、∠BOC和∠COD三个角，但许多同学没能看出还有∠AOC、∠BOD和∠AOD三个角。因为这后三个角中间被射线分开，因而带有隐蔽性。

3. 学会对所学知识进行比较分析。

比较是我们认识事物、学习知识的重要方法。通过比较，我们能够进一步分析那些相近知识的不同特征，防止知识的相互混淆。

在学习过程中，比较的方式主要有三种：第一，按照事物的特征进行比较，如比较钢和铁的硬度，比较氢气与氧气的特性，比较奴隶社会和封建社会的政治制度等等；第二，按照事物发展的不同阶段进行比较，如比较昆虫从卵到幼虫到蛹，最后到成虫的变化过程；第三，比较事物的各种关系，如，动物与哺乳动物的关系，家畜与家禽的关系，水的三态与温度的关系等等。

4. 对所学知识分类，使知识系统化。

我们在学习过程中应经常对所学知识进行分类整理，以进一步明确知识之间的区别与联系，使所学知识系统化。

分类一般是在比较的基础上，根据知识之间的共同点和不同点进行的。比如，根据动植物的不同特征，我们可以将动物分为脊椎动物和无脊椎动物，脊椎动物又可以分为鱼类、两栖类、爬行类、鸟类和哺乳类等；可以将植物分为草本植物和木本植物，草本植物又可以分为一年生草本植物和多年生草本植物等等。

运用整体思维法

　　13世纪的北威尔士王子列维有条忠实而凶猛的狗。一天，王子出猎，留狗在家看护婴儿，王子回来后，看见血染地毯，婴儿也不见了。而狗呢，一边舔着嘴边的鲜血，一边高兴地望着主人。王子大怒，抽刀刺向狗腹，狗惨叫一声，惊醒了熟睡在血迹斑斑的毯子下面的婴儿。这时，王子才发现屋角躺着一条死去的恶狼。原来，狗为了保护婴儿，咬死了恶狼。可是王子，看到了狗嘴边有鲜血，又没看到婴儿，就断定是狗吃了婴儿，于是，怒火中烧，误杀了自己的义犬。事后，王子悲惨万分，把狗葬在了自己的公馆里。

　　从思维的角度看，这个故事告诉我们，要正确地认识和判断

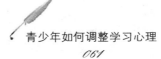

事物，必须全面地分析，要考虑所有的因素，否则就可能会出错。

　　整体思维就是要考虑所有的因素，从不同的角度做全面、综合的研究的思维方式。

　　运用整体思维就要从全局出发，看到事物之间的相互联系，认清事物的主要方面和次要方面，不要"一叶障目不见泰山""只见树木，不见森林"，或者顾此失彼，要从事物变化、发展的全过程出发，既看到事物的过去和现在，也要把握事物的将来。电影《南征北战》具体反映了毛泽东同志在解放战争中运用整体思维夺取战略上的伟大胜利的一段史实。我军不惜一城一地的得失，大踏步后退，其目的是让敌军占领城镇，分散兵力，叫敌人背上包袱。然后，我们再集中优势兵力，把敌人占领的地盘一个一个夺回来，把敌人的有生力量一部分一部分吃掉。这样由战略后退再到战略进攻，使我军打了一个又一个大胜仗。毛泽东的许多军事战略思想都闪烁着整体思维的光辉。

　　我们在学习过程中也离不开整体思维。我们所学习的知识都不是孤立的、互不相关的，而是互相联系着的。比如，数学中的加法和乘法、减法和除法、对数和指数等有着密切的相互关系，彼此之间有内在的一致性，可以相互转化。实际上，任何一门学科的知识都是成体系的，是按照一定的逻辑关系组织起来的一个整体。而且，不同学科的知识之间还有着各种各样的横向联系。

　　那么，我们该怎样运用整体思维去促进学习呢？

　　1. 学会对事物的不同特征进行概括，以掌握科学概念。

　　我们学习任何学科的知识都要掌握大量的科学概念。概念反映的是同一类事物的共同的本质属性和本质特征，概念的形成离不开抽象与概括。

抽象是抽取事物的本质属性或特征的思维过程，而概括是将从部分事物中抽取出来的事物的本质属性推广到同类其他事物中去的过程。例如"灯"这一概念的本质属性是"照明工具"。这一本质属性，我们是从各种不同颜色（红灯或绿灯）、不同形状（白炽灯泡或日光灯管）、不同构造（电灯或煤油灯）的灯中抽取出来，并概括到所有的灯上去而形成的。

我们在学习过程中，对所学知识的概括是从初级的、感性的概括逐步过渡到高级的、科学的概括。初级的、感性的概括是根据事物的外部特征、外部联系进行的概括。比如，有的同学根据鸟会飞这一外部特征概括出"会飞的动物就是鸟"，从而错误地认为鸭、鹅不会飞，所以它们不属于鸟类，这是一种不完全的概括。事实上，会飞并不是鸟的本质特征，鸭子是鸟，但不会飞，而蜜蜂、蝴蝶虽然会飞，却不是鸟，而是昆虫。高级的科学的概括是根据事物的本质特征进行的概括。例如，"鸟是长有羽毛的脊椎动物"，这是我们对各种各样的鸟的全部特征进行分析之后，找出的共同的本质特征，这种概括的结果使我们形成和掌握了科学的概念。

2. 学会对不同学科的知识做横向组合，以促进知识的广泛迁移。

不同学科的知识之间也存在着某些必然的横向联系，我们在学习过程中应努力去发现这种联系，这不仅有助于我们对所学知识的理解，还能提高我们的知识迁移能力。比如，魏书生老师在语文教学中的"大语文教学"的尝试就是一个广泛联系其他学科进行语文教学的实例。魏书生老师能够跳出语文书本知识的狭小空间，认为语文是教学生做人的工具，是认识生活的工具，是发展智力的工具，所以他主张语文教学必须由单一的、封闭的教学向综合开放型发展。他一般用两个月时间教完一本统编教材，而在其余时间则补充教学内容，把语文教学与社会生活、科技动态、哲学、美学、心理学及数理化知识结合起来。他时常把理科教材的某些章节拿到语文课当说明文讲，让学生写《十字相乘法》《谈浮力》等作文，使学生既学到了语文知识，又学了数理化知识，在这种综合学习中，训练了学生的整体思维能力，提高了学习效率。

运用创造性思维

我们在日常的学习和生活中习惯于运用一般的方法、常规性的思维去解决问题，而较少运用创造的方法、创造性思维去解决同样的问题，而有时创造性的方法恰是解决问题的最佳方式。心理学家卢钦斯曾做过这样一个实验：给被试者三个大小不同的量杯，让他们用这三个杯子量出一定容量的水。第一次给出的三个杯子的容量分别是A21、B127、C3，要求量出的水为100。被试者要解决这个问题采用的方法是B-A-2C。第二次给出的三个杯子的容量分别是A14、B163、C25，要求量出的水为99。被试者解决这个问题的方法还是B-A-2C。此后，第三次、第四次、第五次给出的杯子大小和要求量出的水量虽然都不相同，但被试者解决问题的模式都是B-A-2C，即都是先将B杯注满水，然后倒向A杯一次，再倒向C杯两次，剩下的恰好是要求量出的水量。接下来的第六次给出的三个杯子的容量分别是A23、B49、C3，要求量出的水为20；第七次给出的三个杯子的容量是A15、B39、C3，要求量出的水量为18。对于这两个问题，实验中依次做完前五次问题的被试者，采用的方法仍然是B-A-2C的模式。而实际上，这后两个问题完全没必要那么繁琐地去解决，只需用其中A和C两个杯子就可以轻而易举地解决。第六次的问题可采用A-C，第七次问题可采用A+C。

分析

习惯了一种解决问题的模式之后，即使有更简便、更灵活、更具创造性的方法，由于思维定势的消极影响，人们通常却看不到这种新方法。

墨守成规、因循守旧是妨碍人们进行创造性思维的最大障碍。比如，日常生活中，钳子是用来钳东西的，很少会想到它还能用来当铁锤；泡泡糖是吃的，不会想到它可以做胶黏剂；红砖是盖房子用的，就想不到将砖碾成粉还能当颜料。我们要想能够创造性地解决问题，必须冲破这种思维的惰性。

所谓创造性的思维，是运用创造的方法解决问题的思维，是在已有的知识经验的基础上找出新关系，寻求新答案的思维过程。

科学研究离不开创造性思维，否则就不能发现那些新的、人类尚不了解的规律。而学生在学习过程中适当进行创造性思维也具有重要意义，它可以使我们创造性地解决学习中遇到的新问题，深刻地、高水平地掌握新知识。为了培养我们的创造性思维，建议同学们学会以下几种思维方式：

1. 学会发散思维。

发散思维是在解决问题的过程中，沿着各种不同的方向去思考，寻找多种可能的答案、结论或假说的思维方式。它是与辐合思维相对而言的。辐合思维是把问题提供的已知条件朝一个方向集中，从而得出一个正确答案的思维。辐合思维是一种常规的求同思维，而发散思维则是一种求异思维。在创造性思维活动中，发散思维占据着主导地位。

发散思维具有流畅性、变通性和独特性三个特征。流畅性是指在一定时间内提出的答案的数量；变通性是指能从不同的角度变换答案的灵活性；独特性是指能提出超出常规的、非常新奇独特的答案。比如，一块砖有何用途？有的同学提出3种用途，有的同学提出20种用途，这表明流畅性不同。即使同是提出3种用途，一位同学回答："砖能用来盖楼房、铺地、砌墙。"另一位同学回答："砖能用来盖房、打人、做颜料。"很显然，前一位同学的答案缺乏变通性，也缺乏独特性。而后一位同学的答案有很大的变通性，也带有一定的独特性。可见，在这种发散思维的过程中会出现许多创造性的想法和答案。

我们在学习过程中应该自觉地、有意识地培养这种发散思维能力。比如，学一篇课文，给它重新加上各种题目，或用各种方法改写它的开头、结尾；做一道习题，寻求多种可能的解法等等。经常进行这样的训练，必然会提高我们在学习过程中的创造性。据说，数学家高斯在上小学时，当老师提出"求1到100的和"的问题时，别的同学还在一项一项地累加时，他早已得出了101X50的独特算法。

2. 学会逆向思维。

逆向思维又叫反向思维，即"反过来想一想"。我们在思考问题时，通常习惯于正向"顺推"，而往往忽视了事物之间常常是互为因果的，具有双向性和可逆性的特点。因此，我们在学习中应尝试从相反的方向看问题，倒过来进行逆向思考，对学习问题的解决往往能起到突破性的效果。

3．重视直觉和灵感。

正确地利用直觉和灵感是培养创造性思维的重要方法。爱因斯坦强调，在科学创造过程中，从经验材料到提出新思想之间，没有"逻辑的桥梁"，必须诉诸灵感或直觉。他说："我相信直觉或灵感"。直觉和灵感的产生又是建立在大量丰富的知识经验，长期的、艰苦的、紧张的思考和探索的基础之上。可见，学习和思考是运用直觉和灵感的前提。

做好课前预习

案 例

在某中学进行"你每天上课前都预习课本吗?"的问卷调查中发现,不预习的同学竟占20%以上,特别是初中二年级的学生情况更糟。一些同学错误地认为,课前预习没有必要,反正老师上课时要讲,上课专心听讲就行了,何必事先多费脑筋,还浪费了许多时间。事实上,许多同学在学习上花费了不少时间,但忽略了课前预习这一环节,学习成绩始终不理想。

让我们听一听北京四中甘怡群同学的切身体会吧:"记得刚上初中的时候,老师就向我们提出过预习的要求。但当时,我和许多同学一样,没把它放在心上,觉得反正老师上课时要讲,课前看不看没多大关系,就没有有意识地进行预习。到了初三下学期,我明显地感到我的物理、化学学得不如数学扎实。往往上课时听懂了,下了课就忘了,觉得很被动。这是什么原因呢?我仔细琢磨，发现重要是因为没有认真预习。数学我虽然也没有进行过有意识的预习，但以前自学过，这实际上起到了预习的效果，所以学起来也比较扎实。"已考入清华大学计算机系的白硕同学也深有体会地说，他早在初中阶段就意识到预习的重要作用，非常重视预习并长期坚持预习。他的学习成绩一直名列前茅，学习也轻松活泼，充满乐趣。

分析

预习对学生的学习非常重要。预习的作用表现在以下几个方面：

1. 提高听课效率。通过预习，对即将要学习的新课能够做到心中有数，知道哪些内容自己能够弄懂，哪些内容自己还没弄懂。这样，听课时，便可集中精力去听那些自己没弄懂的部分，听课变得更有针对性了，能够抓住课堂学习的重点和难点。

2. 更好地做课堂笔记。如果课前不预习，上课时，老师讲什么就记什么，盲目地记笔记而顾不上听课。经过预习，记笔记时就有了针对性，选择那些自己书本上没有的、老师另外补充的内容以及自己预习时没能理解的部分去记。这样可以节省大量时间用于听课时思考问题。

3. 预习可以培养学生的自学能力。预习本身相当于一种自学。预习时，要独立地阅读，独立思考，用自己的方式去发现问题、解决问题，独立地接受新知识。在这个过程中，学生的自学能力会逐步提高。

4. 预习可以巩固学生对知识的记忆。学生在预习时，对知识已经做了独立思考，听课时可以进一步加深理解，这样就比单纯

依靠听课获得知识记忆效果更好。

预习之所以有这么多的良好作用，从心理学的角度说，是因为在预习过程中，发现疑难点，从而在大脑皮层上引起了一个兴奋中心，即高度集中的注意状态，这种注意状态加深了学生对所学知识的印象并指引着学生的思维活动指向疑难问题的解决，从而提高了学习效果。

那么我们如何去预习呢？

1. 选择好预习的时间。

预习的时间一般要安排在做完当天功课之后的剩余时间里，并根据剩余时间的多少，来安排预习时间的长短。如果剩余时间多，可以多预习几科，预习时钻研得深入一些，反之，把时间用于薄弱学科的预习。

2. 迅速浏览一遍即将学习的新教材。

这时要了解教材的主要内容，弄清哪些内容是自己一读就懂的，哪些内容是自己没读懂的。

3. 带着问题，边思考边读第二遍。

对于初次阅读没读懂的问题，在第二次阅读时，头脑里始终要带着这个问题，深入思考，仔细钻研教材。这时阅读的速度可以适当放慢一些，遇到困难，可以停下来，翻翻以前学过的内容，或者查阅有关的工具书、参考书，争取依靠自己的努力把难关攻克，把问题解决，把没读懂的地方读懂。对于自己经过努力仍未解决的问题，也不必勉强去解决，这样会花费太多的时间。可以把这个问题记下来，留待课堂上听课时去解决。

4. 边预习边做好预习笔记。

预习笔记有两种，一种是做在书上，一种是做在笔记本上。

在书上做的预习笔记要边读边进行，以在教材上圈点勾画为主。所圈点勾画的应该是教材的段落层次，每部分的要点，以及一些生僻的字句。同时，也可以在书页的空白处做眉批，写上自己的看法和体会，写上自己没读懂的问题。在笔记本上做的预习笔记既可以边读边做，也可以在阅读教材后再做整理。整理的内容包括本节课的重点、难点部分的摘抄及心得体会；本节课所讲授的几个主要问题是什么，以及它们之间的前后关系、逻辑联系，预习时遇到的疑难点是什么，自己是如何解决的，查阅了哪些参考书或工具书，所查阅的资料中有价值的部分的摘抄及心得体会。

5. 根据不同学科的特点采用不同的预习策略。

预习也不能搞千篇一律，要根据不同学科的特点抓住预习的重点，选择不同的预习方法。比如，语文课首先要排除生字、生词障碍，再分析段落大意、中心思想以及写作风格、手法。而数学课则要把重点放在数学概念、数学原理的掌握上。

学会听课

在谈论如何上课的体会时，有位同学颇有感触，大胆地谈了自己在这方面的教训："上课了，真是烦死人，心不在焉地翻开书本，一堂复习课有什么好上的呢？以前听过，课后还得看书、做作业。作业不会做，可以问同学、问老师。当时，脑子里只有一个念头：时间快快过去，早点回家去玩。随着这个念头，'分心'便找上门来。老师讲课时，我想着玩的情景；老师板书时，我这里摸摸，那里看看；老师提问时，同学们争着回答，我却坐在那里发呆。结果呢？晚上作业做不上来，书看不懂，第二天作业发下来，错的错，漏的漏，那一个个大大的'X'号似乎狠狠地训斥了我一顿。"

北京实验中学曾锋同学上课时总是专心听讲，他的体会是：听讲这一环抓好了，可以提高学习效率，避免课后浪费时间。在理科课上，要注意新的概念、公式、定理等的提出，搞清它的引出、推导和应用，也就是它的来龙去脉，这样才能为今后的灵活运用打好基础。听课时思维要紧张、活跃、积极，切忌消极、被动、心不在焉。应学会经常走在老师前面，在听课时多问几个为什么，而不是老师怎样讲，自己就怎样想，脑筋并没有真正开动。总之听讲时集中注意力，调动各种感官，积极思维，就可以使听课效率大大提高。既能帮助掌握知识，又能培养分析问题、解决问题的能力，收到事半功倍的效果。

分 析

　　这两位同学对课堂上45分钟的利用是截然不同的。每当上课铃声响过，同一课堂里的同学的表现就千差万别。有的同学还沉浸在课间游戏的兴奋之中，脑子里想的全是同学间嬉戏的场面，甚至想到高兴之处，忍俊不禁，笑出声来；有的同学还在做看前一节课老师布置的习题；有的同学眼睛瞪得大大的似乎在认真听，实际上什么也没听进去，思想早已溜了号；许多同学盲目地、机械地听，机械地记，不用脑思考，结果，一堂课下来，脑手里空空的，什么也没留下、没记住。这些同学是典型的不会听课，白白浪费了宝贵的时间。课堂学习是学生在校学习的基本形式，学生在校的大部分时间是在课堂上度过的。因此，学会听课，提高课堂学习效率，是学业成功的关键环节。那么怎样听课才能提高学习效率呢？

　　1. 课前准备要充分。

　　首先要准备好学习用具。把课本、笔记本、作业本、文具盒等准备齐全，上课前只把与所讲科目有关的书本放到桌面上，其

他书本放在书包里。其次，课间活动要合理利用。有的同学课间活动过于激烈，打闹得浑身是汗，上课铃响后，兴奋劲还没消失；有的同学课间10分钟抓紧时间做习题，大脑未得到适当休息，也会影响下堂课的听课效率。因此，课间活动应做些轻微的体育运动，散散步，呼吸呼吸新鲜空气，使大脑得到休息，最后还要调整好上课时的情绪。有的同学对上课有一种消极的厌烦情绪，一上课心里就烦，觉得上课没意思，总盼着快点下课。这样的同学应提高对课堂学习的认识，调整好自己的心理状态，保持一种渴求的心情，盼着上课学到更多的知识。有了这样的身心准备，才能进入理想的精神状态，提高听课效果。

2. 要抓住听课的重点。

老师在课堂上讲的内容很多，我们要学会抓住听课的重点。首先是根据课前预习的情况，重点听自己预习时没弄懂的部分。争取通过教师的讲解，把疑难点解决。其次，要抓住教师讲课内容的重点。要善于抓住教师讲课中关键的字、词、句，注意老师如何导入新课，如何小结，抓住老师反复强调的重点内容。

3. 要以理解为主，眼耳手脑齐动员。

听课的关键在于对教师讲授内容的理解，要眼耳手脑各种感官齐配合去促进对所学内容的理解。眼要盯着老师的板书和老师讲课时的表情动作，耳要听清楚老师讲课的内容，要听得准确，听出重点，听出弦外之音，听出老师讲课的意图；手要有选择地记，要记重点、难点和疑问；脑筋要开动，积极思考，抓住老师讲课的思路。听课要以理解为主，要在理解的前提下去记忆所学的知识，那种未经思考和理解、死记硬背的知识是不长久的。

4. 要敢于主动地发言和提问。

老师在课堂上常常会提出一些问题让同学们来回答，这时，有些同学生怕老师叫到自己头上，一旦老师叫了别人，自己紧张的心情就放松下来，也不去注意听别的同学是怎么回答的，答对答错似乎与自己无关了。这是在课堂上逃避积极思考的一种表现。上课时，主动回答问题，能够促进学生开动脑筋、积极思考，加深对课堂学习内容的理解，是学习成功的保证。另外，善于发现问题并提出问题，也是课堂学习中促进积极思维的一个重要方法。

　　5. 要适应老师的教学特点。

　　不同年龄、性别、科目的老师，有着不同的教学方法和教学特点。我们应善于适应不同教师的教学和教学风格，摸清思路，总结规律，提高听课质量。注意不要因教师的讲课方式不合自己的口味而产生抵触情绪，这样做只会对自己的学习不利。

记好课堂笔记

美国心理学家巴纳特1981年以大学生为被试者做了一个实验，研究了做笔记与不做笔记对听课学习的影响。大学生们学习的材料为1 800个词的介绍美国公路发展史的文章，以每分钟120个词的中等速度读给他们听。把大学生分成三组，每组以不同的方式进行学习。甲组为做摘要组，要求他们一边听课，一边摘出要点；乙组为看摘要组，他们在听课的同时，能看到已列好的要点，但自己不动手写；丙组为无摘要组，他们只是单纯听讲，既不动手写，也看不到有关的要点。学习之后，对所有学生进行回忆测验，检查对文章的记忆效果。

实验结果表明：在听课的同时，自己动手写摘要组的学习成绩最好；在听课的同时看摘要，但自己不动手组的学习成绩次之；单纯听讲而不做笔记，也看不到摘要组成绩最差。

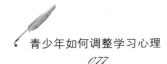

一些学生认为，反正教材上什么都有，上课只要听讲就行了，没必要记课堂笔记。看来这种观点是错误的，研究表明，对于同一段学习材料，做笔记的学生比不做笔记的学生成绩提高二倍。这是为什么呢？做笔记的好处可以概括如下：①记笔记有助于指引并稳定学生的注意。要想在听课的同时记好笔记，必须要跟上老师的讲课思路，把注意力集中到学习的内容上，光听不记则有可能使学生的注意力分散到学习以外的其他方面。②记笔记有助于对学习内容的理解。记笔记的过程也是一个积极思考的过程，可调动眼、耳、脑、手一齐活动，促进了对课堂讲授内容的理解。③记笔记有助于对所学知识的复习和记忆。如果不记笔记，复习时只好从头到尾去读教材，这样既花时间，又难得要领，效果不佳。如果在听课的同时记下讲课的纲要、重点和疑难点，用自己的语言记下对所学知识的理解和体会，这样对照笔记进行复习时，既有系统、有条理，又觉得亲切熟悉，因而复习起来，事半功倍。④记笔记有助于积累资料，扩充新知识。笔记可以记下书本上没有的，如老师在课堂讲授的一些新知识、新观点，这样不断积累，便获得许多新知识。

怎样才能记好课堂笔记呢？

1. 做好记笔记的准备工作。笔记本是必不可少的，最好给每一门课程准备一个单独的笔记本，不要在一个本里同时记几门课的笔记，这样会很混乱。准备两种不同颜色的笔，以便通过颜色突出重点，区分不同的内容。

2. 要用笔记，而不要依靠录音机。使用录音机，虽然能将老

师讲课的内容全录下来，但自己没参与记的过程，做笔记的好处已无法体现，录下来的内容复习起来也太费时、费力。

3. 每页笔记的右侧划一竖线，留出1／3或1／4的空白，用于课后拾遗补缺，或写上自己的心得体会。左侧的大半页纸用于做课堂笔记。

4. 笔记方式多种多样。学生在课堂上常用的笔记方式有要点笔记、提纲笔记及图表笔记等。

要点笔记：不是将教师讲的每句话都记录下来，而是抓取知识要点，如重要的概念、论点、论据、结论、公式、定理、定律，对老师所讲的内容用关键词语加以概括。

提纲笔记：这种笔记以教师的课堂板书为基础，首先记下主讲章节的大小标题，并用大小写数字按授课内容的顺序分出不同的层次，在每一层次中记下要点和有关细节，条理清晰，使人一目了然。

图表笔记：利用一些简单的图形和箭头连线，把教学的主要内容绘成关系图，或者列表加以说明。图表比单纯的文字更加形象和概括。

5. 提高书写速度。书写速度太慢，势必会跟不上讲课进度，影响笔记质量。要学会一些提高笔记速度的方法，不必将每个字写得横平竖直、工工整整，可以潦草地快速书写；可以简化某些字和词，建立一套适合自己的书写符号，比如用代表"因为"，用代表"所以"。但要注意不要过于潦草，过于简化而使自己也看不懂所记的内容是什么，速写的目的是提高笔记效率。

6. 在笔记遗漏时，要保持平静。上课时，如果有些东西没有记下来，不要担心，不要总是惦记着漏了的笔记，而影响听记后面的内容。可以在笔记本上留出一定的空间，课后求助于同学或老师，把遗漏的笔记尽快补上。

7. 课后要及时检查笔记。下课后，从头至尾阅读一遍自己写的笔记，既可以起到复习的作用，又可以检查笔记中的遗漏和错误，将遗漏之处补全，将错别字纠正，将过于潦草的字写清楚。同时将自己对讲课内容的理解，将自己的收获和感想，用自己的话写在笔记右侧的空白处。这样，使笔记变得更加完整、充实、完善。

学会科学地完成作业

案 例

　　刘岩、王磊和孔德秀是初一二班的三名同学。三个人都喜欢踢球，经常在一起切磋球技，学习上也互帮互助，在班里的成绩也都比较好。一天中午放学后，三人又聚在一起做作业，准备做完后一起去玩球。

　　王磊很快把老师留的作业都做完了，并向两个同伴大声宣布了这一消息。刘岩一听，着了急，把王磊的代数作业拿过来，抄了起来，一会就抄完了。这时，孔德秀还在一旁算个不停，他有一道代数题算不出来了。王磊说了声"看看我的吧"，随后把自己的作业放在他的身边。但是，孔德秀说什么也不肯看，他要坚持自己做出来。没办法，王磊和刘岩只得在一旁等他。20分钟过去了，还没算出来，他俩早已等得不耐烦了，说了声："我俩去操场边玩边等你吧。"孔德秀一个人仍在埋头做着题，当他终于把作业都完成时，天都快黑了。

第二天，老师把批改后的代数作业发下来。王磊有一半题都做错了。当然，刘岩的代数题错得与王磊一模一样。孔德秀的代数题却全做对了。面对着孔德秀的作业成绩，王磊和刘岩都感到很惭愧，他俩最清楚，孔德秀是靠自己独立钻研、认真思考才取得了好成绩。

分 析

学生每天都要完成各种各样的课后作业，老师也总是要求学生在做作业时要独立完成。然而，总有一些同学图省事，不经自己认真思考，拿起别人的作业，一抄了事。这样做作业已失去做作业的目的和作用，对自己的学习有害无益。

做作业是学习过程中不可缺少的重要环节，做作业的首要目的是进一步消化、理解课堂上所学的知识。从心理学上讲，知识的学习要经历三个阶段，即新知识的获得、知识的转化和知识的评价三个阶段。新知识的获得是我们在课堂上通过教师的讲解最初获取新知识的过程；对知识学习的评价是通过测验、考试等手段实现的；而做作业正是在完成知识转化这一过程。通过做作业，运用所学的概念、公式、原理去解决一定具体问题，也是对知识的巩固和应用的过程。其次，做作业也可以检查自己课堂学习的优劣。如果做作业时，很顺利，拿起作业题便迎刃而解，说明课堂上对所学知识掌握的比较好；如果拿起作业题，不知从何下手，连看书也找不到适当的地方，这说明你在课堂上对所学知识没有真正弄懂。第三，做作业可以发展学生的思维能力。提出问题、解决问题的过程是一种思维过程。学生在做作业时，面对着各种

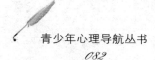

问题，经过自己的独立思考，深入钻研，不仅使所学知识得以理解、巩固和应用，而且也培养了自己的思维能力。做作业包含着各种形式的思维训练。

做作业的益处很多，但盲目地、稀里糊涂地做作业，走捷径，抄作业，这些好处便荡然无存。那么，怎样做作业才更科学呢？

1. 先复习后做作业。

许多同学做作业时，通常是拿起题就做，一旦遇到困难了，才又回过头来翻书、查笔记。这是一种不良的习惯，做作业的第一步应该是先复习有关的知识。复习时可以采取"过电影"的方式，在头脑中搜索一下课堂上老师所讲解的知识，努力将所学知识回忆出来。若实在回忆不起来，再翻开课本或笔记阅读对照。通过这种方式将所学的知识温习一遍，做到心中有数后再去做作业。

2. 仔细审题。

审题即分析理解题意，查明题中的已知条件与未知条件、要求解的问题以及它们之间的关系，从而在头脑中形成并保持清晰的课题印象。许多同学在做作业时常常忽视审题，对审题采取漫不经心的态度，在题意尚未理解，条件与问题间的关系尚未分析清楚之前就试图解题，胡乱猜测，盲目尝试。有的同学虽然能够审题，但不够仔细，对课题观察分析得不全面、不深入，而遗漏了某些隐蔽的却是重要的条件。还有的同学审题时所保持的课题印象不够清晰，结果在解题过程中变得更加模糊，甚至遗忘了，以至于不知如何继续做下去。因此，我们必须学会仔细审题。审题时，首先要通读全题，把整个题目的含义连贯起来。如果读一遍未能形成清晰印象，可以再多读几遍。其次要注意题目中的特定语言，挖掘隐含条件。比如，题目中说"增加了"与"增加到"是完全不同的意思，要仔细辨别，以免因理解错误而做错题。

3．独立做题。

在审题的基础上，要自己动手动脑去独立完成作业。遇到难题时，不要急于问老师、问同学，要自己多想想，争取通过自己的努力去攻克难关。绝不要自欺欺人，抄别人的作业。如果经长时间细致、努力的思考，仍不能解决问题，应请教老师和同学，在得到指点后，应认真思考症结所在，转化为自己的知识。

4．检验修改。

做完题后，应该再从头到尾仔细浏览一遍，检查一下解越的步骤、思路是否正确，个别地方是否有错误。发现问题，及时加以修改。检查修改后才算完成了作业。

掌握复习的方法

案 例

　　许多同学复习的目的就是为了应付考试。考试总是以各种各样的试题的形式出现，所以，一些同学复习时采取的主要策略就是一道接一道地背复习题，或者一道接一道地做题。把该背的题都背了，把该做的题都做了，就算完成了任务。剩下的事便是等待考试，考试一过便万事大吉。这种形式的复习特别典型地表现在期末考试前的复习、毕业考试前的复习以及中考或高考前的复习，大量采用的是"题海战术"。这种形式的复习有许多弊端：缺乏计划性，盲目地大量背题、做题，忽视课本和基础知识的复习，不注重平时复习和积累，带有突击性等。

分 析

　　这种形式的复习，在短期内能够勉强达到应付考试的目的，

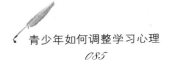

青少年如何调整学习心理

有的甚至连应付考试的目的也未必达到。从长期来看，不利于知识的保持，考试过后，为应付考试而记住的知识很快就淡忘了。真正的复习不是单纯地记忆知识，而是为了进一步地消化理解知识、巩固知识。为了使复习达到其应有的目的，同学们在复习时，应把握以下几个要领：

1. 复习要有计划性。

一些同学认为复习时按照老师的要求去做，上好复习课就可以了，因而没有一份属于自己的复习计划。实际上，教师上复习课，对同学们的复习指导，是面向全班的。在此基础上，我们应当制定一份有自己特色的复习计划，这样才能取得良好的复习效果。

在制定复习计划时要注意以下几点：①计划要全面。要兼顾到所学习的各个学科，不要忽略或放弃任何一门课的复习。对于较薄弱的学科，在复习时间上要给以更多的保证。②要将单元复习、期中复习和期末复习都纳入复习计划，不要忽略平时的复习。③在制定单科复习计划时，要根据教材的知识量、自己过去的欠债量，统筹分配自己拥有的复习时间。④制定复习日程表。这是复习计划的具体体现。日程表可分为单元复习日程表、期中复习日程表和期末复习日程表。日程表要列出每周的每一天的每个不同时段要复习的主要内容和方式。⑤不要与教师的复习计划相矛盾。在制定自己的复习计划时，首先要考虑与教师的总体复习计划相一致，把教师的计划纳入进去，成为自己复习计划的一部分，使自己的计划与教师的复习安排相互补充，相得益彰。

2. 要重视对基础知识的复习。

在复习时搞"题海战术"是复习的一大通病。一味地背题、

做题，甚至盲目地追求解一些偏题、难题、怪题，整天泡在一些五花八门的试题汇编、复习材料之中，而把教材抛在一边，实际上是忽略了对最基础知识的复习，是舍本逐末。

日本有一所学校叫骏台学校，该校所培养的绝大多数考生都考取了名牌大学，因而备受世人瞩目。《应考的王牌——彻底掌握基础知识》是该校几十年经验的总结。书中说："如果认为我们是传授什么特殊诀窍的学校，那就错了。建校至今，我们始终强调的是：牢固地掌握基础知识，如果基础不扎实，怎样拼命努力也是学不好的。"

基础知识在哪里？在课本里。课本是学生学习和复习的基本依据，课本上很透彻地讲解了各门学科的基本概念、基本原理、基本知识，并通过例题和精选的带有典型性和代表性的习题促进对这些基础知识的应用，形成一些基本的操作技能。因此，复习首先要从抓好课本复习入手。吃透课本可以使我们的知识更全面、系统，各知识点之间的联系更明了。掌握了课本上的基础知识，是复习的根本，也是应付各种考试的"灵丹妙药"。在对课本上的基础知识进行复习的过程中，要注重对知识的理解，在融会贯通的基础上去加深记忆，千万不要死记硬背条条框框。在复习达到一定阶段，已系统地掌握了课本上的基础知识，较好地完成了一些基本功的训练的前提下，适当精选一些课外习题，作为补充练习，进一步巩固已经取得的复习成果是无可非议的，但切记不要从一开始就陷入"题海"而不能自拔。

3．适当做些复习笔记。

绝大多数同学都有课堂学习笔记，但很少有同学做复习笔记。而有些优秀生则善于将每一阶段复习的成果整理成复习笔记。复习笔记与课堂笔记不一样，课堂笔记主要在于记，而复习笔记主要在于对复习进行总结和整理。不是将复习的内容不分主次地全部抄在本上，而是将复习中的要点、难点选择出来，把复习成果以简练、形象的形式记录下来。整理复习笔记本身也是一个复习的过程，而且思维始终处于积极状态，加深了记忆，提高了效率。在平时单元复习时，将复习成果整理成复习笔记，等到期中、期末复习时，把复习笔记看一看，就可以迅速达到已有的复习高度，减少不必要的重复劳动，使复习一次比一次深入。

在复习过程中，将一些重要的知识点，如概念、公式、定理、定律、外文单词等制成卡片，经常翻阅，加深记忆，对记熟的内容，不断精减，使复习卡片"由薄变厚，再由厚变薄"。

采用分散复习法

　　前苏联心理学家沙尔达科夫在一个实验中研究了集中复习与分散复习的不同效果。实验以五年级学生为被试者，让他们采用不同的方法在期末复习自然课。甲班用五节课的时间集中复习，乙班将五节课的时间分散为四个单元，分四次进行复习，最后，对两班学生进行测验。结果表明：甲班学生9.6%为优秀、36.6%为良好、47.4%为及格，6.4%为不及格；乙班学生31.6%为优秀、36.8%为良好、31.6%为及格。很显然，分散复习的效果远远好于集中复习的效果。

　　心理学的实验还证明，不仅分散复习效果好于集中复习的效果，而且，分散学习的效果一般也较集中学习为好。在一个实验中，以历史经济为学习材料，让被试者读二至四页，共读五次。读法分两种：一种是集中在一天内读完；另一种是每天读一次，分五天读完。在阅读后的不同时距测验其保持成绩。结果如下：第二天回忆成绩，集中读为66%，分散读为64.4%；两星期后的回忆成绩，集中读为13.13%，分散读为37.26%；一个月后回忆成绩，集中读为11.49%，分散读为30.59%。可见，分散学习不但在时间上较为灵活，而且在记忆保持上也较为牢固。

有一位同学从上高中开始学习一门新的外语，以前没有任何基础。经过两年多的时间，学习成绩竟然超过了一些比他在初中曾多学三年外语的同学，令大家感到惊奇。更令大家不解的是他除了每天上课以外，用于学习外语的时间只是早晨的40分钟和晚上睡前的30分钟。其实，正是他将每天学习外语的时间分散了。

分析

为什么分散学习和分散复习的效果会优于集中学习和集中复习的效果呢？这主要是因为分散学习可以使人的大脑神经细胞得到适当的休息，迅速恢复其工作能力。而在集中学习的情况下，长时间学习同一材料，大脑神经细胞不但得不到适当的休息，而且还会由于内容过于单调，迅速引起大脑皮层的保护性抑制。学习时间越是集中，这种抑制作用就会越大。

既然分散学习和分散复习优于集中学习和集中复习，那么，当我们想采用分散学习时，每次学习的时间和各次学习的间隔时间各以多长为宜呢？

1. 每次学习的时间不宜过短。心理学研究发现，所谓分散，也有一个限度，不能说越分散越好。实验表明，每次学习的时间最好不少于12分钟，如果把时间缩短到12分钟以下，那就难收到应有的效果了。

2. 各次学习的间隔时间不宜太长，也不宜太短。一项实验表明，分散学习的时间间隔为1天、3天和6天时，一天的间隔产生了最好的复习效果，平均只需4次复习，而间隔3天就要复习6次，间隔6天就要复习7次。可见，间隔时间超过3天，需要复习的次数就增多了。前苏联心理学家的研究表明，间隔时间太短也很不利。研究发现，间隔半小时的时候，需要学习11次，间隔2小时的时候，需要学习7.5次，间隔10小时的时候，需要学习5次。可见，当间隔时间少于10小时时，需要学习的次数也要增加。

根据以上分析，提出如下建议：

1. 不要长时间集中学习和复习同一内容的知识。

对同一内容或同一学科的知识，集中较长的时间进行学习，比如连续学一上午甚至一天的英语，会使人感到既单调，又疲惫，必然要降低学习和记忆的效率。

2. 学会将不同学科的内容交替学习或复习。

在一天的不同时间里安排学习不同的内容是运用分散学习的一种好方法。有一位叫李楠的初中毕业生，他决心跨过高中三年直接考大学，在三个月的时间里，他自学了高中的主要课程，并以优异成绩考上了清华大学。他每天的自学安排是："早饭前背公式，想定理，把中心问题、章节要点看看；上午看一般教科书、参考书；下午做题，到四五点钟时，找综合性强、难度大的题目做。累了，看看其他内容的书，换换脑筋，或是活动一下；晚上，再看书。该学习就集中精力学习，该休息就放心休息。"采用这种分散学习，既避免了单调、枯燥，又能有效防止学习之间的干扰。在具体操作时，要将容易相互干扰的科目交叉开，将文科和理科交替进行，将看书（记忆）和做题交替进行。

3．学习材料很短不宜采用分散学习。

一首短诗，十分钟左右已经能很好地背诵，这时没必要再将这10分钟分成若干次，而宜采取集中学习。

4．分散学习的时间间隔以一天左右为宜。

当学习内容较长或较难记时，宜采用分散学习，但各次分散学习的时间间隔不宜长于1天，也不宜短于10个小时，因此，以一天左右为宜。比如早晨和晚上的间隔，或者在每天同一时间学习或复习同一内容均可。

掌握应试技巧

　　某年中考的数学卷，最后一题较难，数字较大。某校一名女生在演算此题时，刚解到第二步，就算不下去了。但她不甘心，还是拼命算，浪费了许多时间，一直到临场钟声敲响，她也没有听见，等监考老师收卷时，她才叫起来："糟糕，我还没有复查呢！"原来，前面的题她觉得简单，便三下五除二地做完了，剩下一半的时间都用来解那道难题了，结果没有对前面做过的题目进行检查。她自知数学没考好，中午饭也不吃，一个人躲在宿舍里伤心地落泪，无论老师和同学怎样开导，都不能抹去她心中的阴影，结果造成下午的政治考试失常。中考成绩公布后，她的成绩离中专录取最低控制线仅差1分。

分 析

因1分之差而落榜是令人惋惜的，然而，更令人惋惜的是，如果掌握了必要的考试技巧，这1分的缺失，乃至更多的丢分，都是可以避免的。

分析考场失误的原因主要有以下几个：

1. 情绪过分紧张。考前对考试期望过高，造成压力，感到紧张焦虑，在考场上怯场都将影响水平的正常发挥。

2. 考试时间分配不合理。许多考生在重大考试时的失误都是由于时间分配不合理造成的。主要表现为：先松后紧，一开始答题时慢条斯理，到最后手忙脚乱。平均分配时间，不论题目难易，占分多少都花同等时间去解答，花过多的时间在一道题上，浪费了宝贵的时间。

3. 粗心造成失误。因粗心会造成审题错误，主要表现在：不看清题的要求就动手去做，如某年高考语文试题中的缩写，要求不超过一千字，有的学生没看清，结果字数大大超过了；还有的学生看错题，如将作文《难忘的一天》写成《难忘的一年》；更严重的是漏题，某年高考，一个考生答语文卷时，只凭印象，认为作文是"压轴题"，直到写完了作文，才发现下面还有一道文言文的题，可时间已来不及了。

学会了一些基本的应试策略，上述种种失误是完全可以避免的。那么，最佳的应试策略有哪些呢？

1. 考前调整好竞技状态。

首先要调整好自己的情绪状态，不要对考试抱以不切实际的高期望，以免给自己造成紧张，要以平常心对待考试，保持适度

的紧张和兴奋。其次，要保持充沛的精力，考前不要再开夜车，要适当做些轻松的文体活动，保证充足睡眠。

2. 浏览全卷，先易后难。

拿到试卷后，先不要急于答题，从头到尾迅速浏览一遍，做到心中有数后，从容易的题开始答，把难题放在最后来做，而不要完全按照考卷的试题顺序来做。先做容易的题，是因为容易的题得分的把握比较大，把容易的题都做完了，也就是将有把握得的分全都得了。这时心情会比较镇定，即使后面的难题做不上，但该得的分都没有丢，也会觉得心安理得。这时再集中精神去攻克难题，把自己的水平充分发挥出来，把能答的部分全都答出来。

3. 审题要细心。

要仔细阅读每一道试题，看清解题的要求。如要看清是选答题，还是必答题，要求达到何种程度。要极力避免将题目看错或理解错，要看清题中给出的每一个已知条件，还要注意别漏题。

4. 合理分配答题时间。

考场上的时间，一分一秒都很宝贵，因此，一定要合理利用，避免浪费。要根据试题的分数和难易，相对均衡地分配时间。分数多的题，分配的时间也应多，分数少的题，则不应花太多的时间。简单的题，同时也是有把握得分的题，一定要在时间上有保证。不要把大量的时间花费在某一两道难题上，结果难题没解出，时间却用掉了，其他会做的题想做却没了时间，这是最可悲的。

5. 答完后认真复查。

许多同学答完后，或者根本不检查，或者走马观花似地检查一下，或者没有留出时间检查，结果失掉了不该失的分数。一位高考"状元"说："我的数学考了119分，其中5分是做完复查时发现错误捡回来的。"可见，复查是很有必要的。复查时要注意是否所有题目都答了，有无漏答的，作答方式是否正确，答案与题号是否一一对应等。

6. 要避免对下一科考试有不良影响。

像前面提到的那位女生那样，由于知道自己数学没考好，便情绪烦躁，结果使下一科考试失常，是很糟糕的事情，应努力避免。一科考完后，考得好与不好，都不要过多去想，更不要急于去对答案，要保持良好的心态，调整好情绪，全力以赴地去准备下一科的考试。

克服考试怯场

　　杭州市研究人员对1990年参加高考的学生进行抽样调查表明：16.8%的学生反映在高考期间头痛；13.8%的学生考后头晕；25.4%的考生患严重的心理障碍。这份调查还表明：一部分女生在高考期间生理失调，情绪突变；一半以上的男生考前坐立不安，焦虑烦闷。

　　研究人员对福建师大及附中抽取两个班级计96名学生进行的有关"影响你对考试水平正常发挥的非智力因素"的问卷调查中，28.2%的学生把紧张焦虑与内心压力放在第一位；26.4%的学生把考试目标不明确与缺乏复习技巧放在第一位；9.5%的学生把应答策略与技巧不够放在第一位；8.3%的学生把考前身体不适与情绪突变放在第一位。

　　上述调查表明，惧怕考试或怯场是中学生常见的一种心理障

青少年如何调整学习心理

碍。怯场是考试的大敌，它严重地妨碍着学生正常地表达知识、发挥水平，以至于使同学们不能顺利地通过考试。

分析

考试怯场的表现多种多样：有的同学一上考场就觉得心情紧张，眼睛、耳朵、脑子都不听使了，不能正常地感知试题的要求，看错位或看错行，不能正确理解监考人的讲话。注意力不能集中，思维变得混乱，不能正常地进行分析、归纳、判断、推理，面对平时能顺利解答的题目，也变得手足无措；有的同学出现记忆力障碍，一拿考卷，大脑变得一片"空白"，什么也想不起来；有的同学在考场上大汗淋漓，心跳加速，呼吸急促，严重者甚至晕倒在考场上。

造成考试怯场的原因也很多，既有生理方面的原因，也有心理方面的原因。从生理方面来说，由于缺少睡眠，缺乏体育锻炼而造成过度疲劳；因食欲不佳而导致营养不良，影响了大脑供血；女同学月经期，身体不适等。从心理方面来说，由于父母和老师对考生要求过高，考生本人对考试结果过分看重，造成较大的心理压力；由于平时复习不充分，知识掌握得不牢固，缺乏必要的应考策略和考试技巧，造成自信心不足，产生严重自卑感；由于考场气氛紧张、监考人员态度严肃，造成考生情绪不适度地过分紧张等。

如果你有考试紧张的毛病，那么就应该弄清自己紧张的原因，并且在平时就做一些有针对性的预防怯场的工作。

1. 树立正确的考试观，减轻心理压力。许多同学把考试结果看得太重，特别是参加高考时，觉得一张考卷可以定终身，"万一考不上，就会……"这种想法过于偏激。考试只是检验我们平时学习的手段，通过考试，能够升学进一步深造是好事，即使未能通过考试，天也不会塌下来，"条条大路通罗马"，人生的道路可以有多种选择。

2. 努力学习，增强自信心。俗话说："艺高人胆大"，要想考试不怯场，就要牢固地掌握各门学科的基础知识和基本技能，多做练习，适应各种各样的题型变化，注意加强自己的薄弱环节。只要自己努力学习了，就有理由充满信心地去参加考试。

3. 适度紧张，克服情绪大起大落。对于即将参加的考试，感到适度的紧张，这是正常的，这不仅不会妨碍考试，反而会提高考试效率，发挥出最佳水平。心理学家研究表明：中等强度的焦虑状态，达到最佳的学习效率，对考试抱无所谓的态度，丝毫不紧张与过分紧张焦虑一样会降低学习效率。

4. 考前做些放松训练。放松训练是通过使全身各部位的肌肉紧缩后再松弛，从而达到松弛大脑神经的目的。训练时遵循自下而上的原则，从脚部肌肉开始直到头部肌肉为止，完成一次训练。在做放松训练的同时，可以在头脑中预想考试的过程，想象自己如何进入考场，如何拿到考卷，如何填写考号和姓名，如何答卷、检查、交卷等过程，想象得越具体越好，边想象边体验全身心放松的感觉。这种训练可以在考试前一两周开始，每天训练一两次，每次进行10~20分钟即可。

采取了以上预防考试紧张的措施，一般来说，考试时便不会感到特别紧张。万一到了考场上还出现怯场的情况该怎么办呢？

1. 采取时间延隔。许多考生拿到考卷，一看题目，便觉得很难，不会做，顿时感到焦虑和紧张。遇到这种情况，不要钻牛角尖，不要一直想把它解决了，可先放一放，做其他题目，间隔一段时间后，再来做它，就可"柳暗花明"了。

2．积极的自我暗示。如果因考题太难而紧张，可暗示自己：考题对大家都是一样的，自己觉得难，别人可能觉得更难，因此，不必过分担忧。

3．做几次深呼吸。闭上眼睛，做几次深呼吸，深呼吸要做得轻而缓，这样可有效地缓解紧张，放松身心。

4．转移注意力。当感到紧张时，可向窗外看一看，或者上趟厕所，也可以提前带些喉片或仁丹含化，以转移对紧张情绪的注意力，迅速稳定情绪。

正确面对考试失败

你有过考试失败的经历吗？你是否因考试失败而气馁？

在人类的历史上，许多著名的科学家、发明家也都曾经是考试失败者。请看：

物理学家、诺贝尔奖获得者爱因斯坦，中小学成绩不好，第一次考大学时，名落孙山，法文、植物学、动物学三门课不及格。

第一艘蒸汽轮船的发明家富尔顿，上小学一年级时，只爱画画，别的功课都不及格，因此留了级。

大发明家爱迪生，上学时功课常常不及格，后来退学回家。

可见，一两次考试失败并不能定终身，不必因此而灰心丧气。上述大名鼎鼎的科学家、发明家不但没有被一时的失败吓倒，反而在后来取得了杰出的成就，是因为他们充满自信，他们没有让自卑拖住后腿，一旦他们找到奋斗的目标，便会以惊人的毅力，如饥似渴地去学习，不断努力进取，从而登上了科学技术的高峰。

分析

我们在日常的学习中，有些同学一门学科考试不及格，或者是几门学科考试成绩都不好，这也是学习中的正常现象。考试成绩不好的原因常常有如下几种：

1. 贪玩而忽略了学习。一些同学由于年龄偏小，身心发育尚未成熟，热衷于游戏活动，不把学习放在心上，结果荒废了学业。

2. 偏科。个别同学学习成绩不良，不是不爱学习，而是由于偏科。他们太偏爱某些学科，而影响了其他学科的学习。

3. 缺乏良好的学习习惯。许多同学对自己的学习没有计划，没有安排，结果使学习陷入盲目和混乱之中，就连书桌上、书包里的课本、笔记等学习用品也是胡乱地堆放在一起，上课不会听课，课后也不及时复习。

4. 缺乏毅力。许多同学学习成绩不好，并不是因为智力水平低，而是非智力因素在作怪。缺乏毅力，在学习上得过且过，被动、懒惰、依赖是非智力素质不佳的表现。一些同学学习似乎是为了老师，为了家长。家长不督促就不学习，老师不检查，作业就不做了。他们头脑中时常闪现出这样一些自我安慰的念头："等一会儿，看完电视再做"，"今天太晚了，等明天再说吧"。

5. 产生畏惧心理。一些学生由于在学业上连续失败，产生了畏惧心理，对学习有一种畏难情绪，对学习成功不抱信心，变得自怨自艾，自暴自弃。这样的学生大多数性格内向，自尊心强，考试失败损伤了他们的自尊心。有时，老师、家长或同学不恰当的批评和嘲笑更进一步加重了他们的自责感，感到丢尽了面子。

以后再遇考试时，心情十分紧张，生怕再考不好，遭人耻笑。这些不良的情绪和消极的自我暗示严重地影响了学习和考试，常常导致更多的失败。

那么，考试失败后，该如何摆脱失败的阴影，面对未来的学习呢？

1. 摆脱畏惧，建立信心。

如果你因考试失败而心灰意冷，心情紧张，害怕下次考试再失败，那么，你首先要摆脱对失败、对未来的恐惧，重建信心。畏惧会使你知难而退，在失败面前放弃了努力，这将使你与成功无缘。尽管你的学习成绩暂时落后，但一切都是可以改变的，只要你努力，学习成绩的改变并不是很难的事情。

2. 重新规划你的学习。

一方面要养成良好的学习习惯，这要从一点一滴的小事上做起。比如，整理好自己的书桌和书包，让自己的学习用品井然有序；上课仔细听讲，学会做笔记，课后及时复习，认真做作业等等。另一方面要攻克你在学习中的薄弱环节，考试失败，常常是因为某些基础知识掌握不牢，因此应该从基础抓起，弥补欠缺。弥补过去的知识与学习新知识在时间上会发生冲突，为了避免顾此失彼，你要合理安排，做出一个可行性计划。比如，一名初中化学连考两次不及格的学生，在克服了对失败的畏惧心理之后，制定了新的学习策略，在坚持学好其他科目的基础上，集中一个月课余时间专攻化学。他找来一套化学实验课本（上面有 A、B 两个梯度的训练题）和教科书对照学习，采取对比训练集中强化的办法，经过一二个月的努力，化学成绩很快提高了。

3. 纠正偏科。

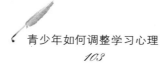

过于偏爱某一两门学科，而忽略了其他学科的学习，导致成绩不良，是为偏科。为了改变不良的成绩，必须纠正偏科，对你不喜欢的学科给予更多的关注，投入更多的学习时间，并在学习过程中培养起学习兴趣，变不喜欢为喜欢，使各学科的学习齐头并进。

4．做学习的主人。

学习是自己的事情，要消除为老师、家长而学习的思想，消除学习上的被动、依赖心理。要有面对困难的勇气和毅力，要彻底消灭"等等再学吧"、"明天再做吧"的念头，一起从我做起，从现在做起，脚踏实地地去努力，一步步走向成功。

防止出现舌尖现象

考场上不少同学都遇到过这样的情况：某一知识仿佛就在嘴边，可就是一时想不起来，明明用得很顺手的公式硬是回忆不出来。这就如同茶壶煮饺子，话到嘴边就是倒不出来。此时如果能有人在一旁提个醒，也许就能完全追忆出来，但考试纪律不允许呀。交卷后，出了考场经同学一点，忽地一下全记起来了。于是不少同学惋惜得直拍大腿，后悔得直跺脚，埋怨自己说："嗨，当时我怎么就是想不起来呢，好像吃了迷魂药一样！你说奇怪不奇怪？"类似的现象我们在课堂上也经常遇到：当老师提问某一问题时，不少同学都纷纷举手准备发言，这时老师叫起其中的一名同学，当这名同学站起来之后却张口结舌，一句话也没答出来，而坐在座位上时明明觉得自己能回答这个问题，然而冷丁被老师叫到名字，一紧张却什么也想不起来了。这时，老师或同学在一旁稍微提醒一下，通常这个同学很快就回忆起问题的答案并迅速将问题完整地回答出来。心理学将这种明明记得但在追忆中一时想不起、说不出的现象称为"舌尖现象"。

分析

我们对所学知识的记忆一般要经历识记、保持、再认或回忆三个阶段。识记是将知识输入大脑的过程；保持是对知识进行加工整理和储存的过程；而再认或回忆是从大脑中提取知识、输出信息的过程。考试答卷或回答老师的提问都是提取知识的过程，表现为再认或回忆。对选择题的回答，正确答案就包含在选择项中，只要我们能认出来，就能正确回答，这种提取就是再认；其他的各种类型的问题，只是提出问题，没有答案，完全依靠我们头脑中的知识储备来回答，这种提取就是回忆。

回忆有三种情况：一种是事先没有目的，自然而然的回忆，比如看见小孩玩耍，回想起自己童年做过的游戏；二是有目的但不需要意志努力，比较容易的回忆，比如给别人讲讲自己刚刚看过的一场精彩的电影；三是有目的，而且需要意志努力，并运用一定的方法的回忆，比如，在回答问题时，许多知识我们必须费一番心思，苦苦地搜肠刮肚才能回忆出来，这种回忆叫追忆。

在考试或解题过程中追忆常常受阻，出现所谓的"舌尖现象"。出现这种现象的原因有几个：①所学知识掌握不牢固或没有及时巩固，识记时不够精细，含含糊糊，模棱两可，印象不深，似乎学会了、记得了，但一叫真便不灵。②情绪干扰。在考试答题时，由于求胜动机过强，但知识准备又不足，常常会引起心理上的紧张和焦虑，这种紧张和焦虑会因遇到难以解答的问题而加剧，并随时间的推移，其强度不断增加，这种强烈的情绪干扰了对所学知识的回忆。③情境干扰。考试的情境与平时学习的情境有很大出入。平时学习是一种一般的、正常的、兴奋度适中的情境，而考试是一种特殊的、异常的、高度兴奋的情境。心理学研究发现，记忆具有状态依存性，即在一定的身心状态下曾经学过的材料在同样的或类似的身心状态下较容易被回忆出来。由于考试情况与平时学习情境的不相类似，因而平日在课堂上或在家自习时所识记的知识，在考场上常常回忆不起来。④定势干扰。定势是解题前的心理准备状态，是一种心理的惯性。在解题过程中，考生最先想到的知识具有"先入为主"的优势，这种"先入为主"的知识如果不利于问题解决，就会干扰考生对其他知识的回忆。例如，有的考生在审题时曾先想到一种解题方法，而这种方法显然并不适用，但却反复出现在头脑中挥之不去，结果妨碍了对其他解题方法的回忆而导致解题失败。

那么，如何避免出现追忆中的"舌尖现象"，顺利回忆出所需知识呢？

1. 加强平时的学习，掌握牢固、精确的知识。

追忆受阻首先暴露了我们平日学习在知识准备上的不足。因而，要想从根本上防止出现追忆受阻的"舌尖现象"，就要努力地从平时学习做起，在知识的识记和保持的环节上下功夫，识记要精确，不能含糊不清、模棱两可。对所识记的知识要做到及时复习和经常复习，不断巩固，防止遗忘。

2. 控制情绪。

要学会控制紧张情绪，要适应考场上的紧张气氛，适当自我放松。遇到难题，不要激动，不要急躁，要有处变不惊的能力，平心静气地去解答每一道题。

3．利用中介联想，寻找回忆线索

根据记忆的状态依存性的特点，我们可以利用联想，自觉恢复平日识记时的某些情境，从中寻找回忆的某些线索。比如，在心理上再现上课的教室、黑板、教师的面孔、课桌、教科书等都可能成为回忆的线索。

4．灵活思维，转移注意力。

为排除定势的干扰，在解题时思维要灵活，要寻找解决问题的多种可能性。当一条思路行不通时，再换一条思路。一旦出现思维僵化，可以适当转移注意力，改做他题，或暂时离开试卷想一些令人精神振奋的经历，待心境平和后再着手做题，便会"豁然开朗"，迎来"柳暗花明又一村"。

跨越学习的高原

　　在某中学有这样一名学生，刚上初一时，成绩很差，几科平均不足60分。由于老师的精心培养与教育，加上他本人主动好学、好问，到初三时平均成绩达到了80多分，进入班级的10名。高中毕业参加高考时仅差12分未被大学录取。以后，他连续补习四年，都差一点没考上，最好的一年差5分，最差的一年差26分。据该同学所在学校的校长分析，该同学出现这种停滞不前现象的主要原因是没有改变学习环境，没有采用新的学习方法。他一直都在原来的那所中学的同一班级里补习，班主任是原来的班主任，数学老师是原来的数学老师，语文教师、英语老师都是原来的，甚至连他的同学也是"考试专业户"——同他一样的补习生。老师的教学方法没有多大的改变，他自己也没认真分析一下多年补习成绩提不高的原因何在？只是简单地沿用原来的学习方法，结果，成绩无法提高，在原有水平上徘徊不前。

分析

这种学习成绩在一个较长的时期上不去也下不来的现象，被心理学家称做学习的"高原现象"，这段时期被称为学习的"高原期"。高原现象主要有三种表现：第一种是成绩在较高水平上徘徊，成绩达到80分以上后上不去也下不来；第二种是成绩在中等水平上徘徊，长期在60至80分之间波动；第三种是成绩在低水平上徘徊，成绩一直在60分以下停滞不前。

研究发现，学习的"高原现象"产生的原因是多方面的，归纳起来有如下几点：

1. 学习方法因素。

无论是哪种徘徊现象，最主要的原因是习惯于某种学习方法后，出现了惰性，原有的学习习惯不再有更强的促进学习提高的能力。不少学生在小学凭勤奋取得较好成绩，进中学后仍想以勤奋取胜，可收效甚微，成绩迟迟不能提高。这是因为中学的课程多，难度大，知识趋向专业化、系统化。这使得学习负担明显加重，每个学生面临着大量的作业，自学内容也增加了，有很多课外阅读任务；另一方面，中学老师的指导和要求又没有小学老师那样具体细致。在这种情况下，部分同学再沿用小学那套学习方法已不适应中学的学习。上述那位多年高考补习的同学，成绩所以一直没有进录取线，主要原因正是沿用陈旧的学习方法，老一套的思维习惯，使得思路固定，思维僵化。

2. 学习动力因素。

有的同学成绩长期在低水平上徘徊不前的原因是缺乏学习动

力，学习目的不够明确，对自己要求不高。比如，有位初中生，受到别人有关"读书无用论"思想的影响，总觉得读书没意思，不如早点挣钱。但父母要求他继续上学，他也没办法，只好回到学校。但对学习不感兴趣，以消极的态度对待学习，得过且过，漫不经心，考试成绩总是在及格线以下徘徊。

3．生理和心理因素。

有一名学生初一成绩很好，升入初二后有很长一段时间，上课无精打采，课后疲惫不堪，课外活动不参加，布置的课外作业无法按时完成，成绩远不如从前却一直无法改善。老师也觉得很奇怪：该同学一向学习努力，遵守纪律，为什么成绩提不高？后来才知道，他前一段时间身体一直不舒服，发低烧，因为症状不明显，没引起父母重视。还有的学生因青春期的生理变化而苦恼，结果导致成绩不佳。有的同学觉得父母对自己在学习上的要求太高，自己无法达到，因而丧失了学习信心，产生怕学、厌学情绪，结果成绩一直不能提高。比如，有一位女生的父母常对她说"学习若只得中等成绩是很不光彩的事"。为了能让父母"光彩"点，她夜以继日地苦读，小学时成绩还令父母满意，可是到了中学后，她的成绩却只是中等，尽管她用功有增无减，但于事无补，学习成绩仍然在中等水平上徘徊，这造成她沉重的心理压力，非常焦急，烦躁不安。结果越是这样，成绩越提高不上去。

分析了学习成绩徘徊不前的原因后，我们就可以"对症下药"，以便克服"高原现象"。

1．改变学习方法和思维习惯。学习方法陈旧和思维习惯僵化是导致成绩无法提高的最主要障碍，因此，要想改变这种状态，必须改变原有的学习方法和原有的学习习惯。学习方法各种各样，学习的不同阶段，以及针对不同的内容，都应考虑采取不同的方法，如果你总是采用一种一成不变的方法，必然影响你的学习效率。在改变学习方法的同时，还要训练自己思维的灵活性、变通性。只要做出适当的改变，学习成绩很快就会有所提高。

2. 充分认识到学习的社会价值，提高学习兴趣和学习动机，这对于学习始终在低水平上徘徊的学生十分有效。

3. 学会调节，克服身心障碍。首先要保持一个健康的体魄，其次要克服学习上的畏难情绪，要知难而进，不断努力，你就会逐渐找回学习的自信，跨越学习的高原。

运用效果回授法

　　某中学初一年级学生入学时，数学平均成绩只有48分，为此，数学老师进行了大胆的教学改革尝试。通常，在学生作业发放下来后，一些学生要么连看都不看，要么只看看分数，或者只看看哪道题做对了，哪道题做错了，就算了事。根本不去分析错在哪里，为什么错，怎样改正，结果，同样的题目一错再错。因此，老师采取的一项改革措施便是让学生重新学习一遍已做过的作业，再解答一遍做错的题目。通过一年的努力，学生的数学平均成绩达到67分，老师把这种方法叫"效果回授"。第二年，他们用这种方法，在三个班开展了教改实验。甲班，采用注入式效果回授即老师讲评全班学生的作业，把同学普遍存在的问题再讲一遍，解答一遍，让学生订正错误；乙班，采用启发式效果回授，即同学自己发现错误，分析错误原因，订正错误，老师只是起引导和启发作用；丙班，没有任何效果回授。一年下来后，考试结果，甲班平均分数78分，乙班平均72分，丙班平均只有57分。对这一结果，老师们产生一个疑问，难道启发式的效果回授还不如注入式的效果回授？他们又继续进行了一年的教学实验后发现，乙班成绩最好了，平均成绩81分；甲班成绩停滞不前，平均74分；丙班还是最差，平均成绩只有56分。

分析

　　从上述教改实验中，我们可以发现，采用效果回授的方式，把做错的题再重新做一遍，把错误改正过来，与不采用这种方式相比，学生的成绩明显提高了。而且，采用启发式的效果回授比注入式效果回授最终取得的效果还要好，即让学生自己去发现错误，自己分析错误原因，自己去改正错误取得了的最佳效果。为什么会取得如此好的效果呢？这是因为，错题往往暴露了学生在知识的掌握和学习能力上的某些缺陷和薄弱环节，如果不及时发现，加以改正，下次遇到同样的问题，还会再犯同样的错误。如果自己能够发现错误所在，及时纠正，既弥补了缺陷，同时又留下了深刻的印象，有利于知识的巩固。练习题做错，原因很多。主要原因有以下三个方面：

　　1. 基础知识不扎实。

　　对学过的基本概念、定理、法则等理解不深刻，记得不牢，有的甚至出现知识性错误。

　　2. 审题不当。

　　审题时，把一些细微的但是很重要的条件漏掉，片面理解题意，或者不注意仔细审题，课题印象不清晰。

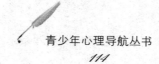

3．解题过程中出现错误。

在解题过程中容易出现运算步骤错误。比如，在解分解方程、无理方程、不等式时，稍一疏忽就可能导致丢根或增根或不等式不成立等错误，因马虎大意而出现数学运算错误的就更多。

练习题做错在学生学习过程中经常发生，那么，一旦出错后，我们该如何正确对待呢？

1．分析错误原因。

练习题出错，原因各种各样，除了我们上面分析的几条主要原因外，还有一些很具体的原因。对于做错的题，我们首先要弄清错在哪里？是基础知识有误，还是审题有误，抑或解题过程中因粗心大意而造成的运算步骤错误。此外，还可以从思维方式、解题方法等方面寻找原因。有的同学不注重分析解题错误的原因，只是单纯地将做错的题改正过来，就算完事，不多问几个为什么，没有真正认清错误的"症结"所在，留下的印象不深，以后遇到类似问题，还可能再出错。

2．重做一遍，改正错误。

弄清练习题做错的原因之后，要将做错的习题再重新做一遍。在做题的过程中，要格外注意原来出错的原因，彻底改正错误，弥补不足。重做的过程中，要多动脑筋，独立完成。若经过努力，错题还无法改正过来时，需请教他人。

3．建立错题集。

给每一门学科都专门准备一个本子，用来收集做错的习题。

这样做的好处是可以集中强化薄弱环节，避免以后再犯同样的解题错误。把错题都集中起来，可以逐步摸索出自己解题出错的规律性，以引起自己足够的重视，有的放矢地加以改进。有的同学可能会想，将错题重新收集到一起太麻烦，太浪费时间，这种想法也是不对的。事实上，建立错题集，不但不是浪费时间，恰恰相反，是提高学习效率的一种有效方法。我们把功夫用在平时，到复习时便可节省时间，提高效率了。我们可以集中精力攻克自己的薄弱环节，而不是不分轻重缓急，不管平时会的还是不会的，都一股脑地从头到尾一遍遍机械地复习。

　　根据许多优秀学生的学习经验，我们给大家介绍一下错题集的格式：在每一页上用三条竖线把本子竖着分为4格。第一格抄上原题，第二格抄上对原题的错误解题过程，第三格注明错误的原因，第四格用来写明正确解答过程和答案。在完成以上四个步骤后，在下面画一条横线，在横线下继续收集新的错题。另外，我们也可以用红绿蓝黑等不同颜色的笔标明错题的类型，以便复习时一目了然，便于归类。

SQ3R读书法的应用

案 例

　　自美国学者罗宾逊提出他的SQ3R学习法之后，这种方法迅速风靡了美国的大专院校，为美国学生所青睐。美国出版的许多学习方法指导书都将这种方法加以重点介绍。近年来，这种方法也进入我国，在一些大学生和中学生中加以推广运用，效果良好。许多同学听说过这种方法，也想尝试运用，但对这种方法究竟是什么，如何具体应用，却不甚了解。

分 析

　　作为学生，我们每天都要面对着课本，除了听老师讲课以外，我们还要通过阅读课本进行学习。不少学生在读书时，只是简单地打开课本，然后从头至尾读一遍，便万事大吉。这样的学生并不知道他们要学些什么，他们只是面对课本，机械地阅读，希望能从中学点什么，但收效甚微。也有一些学生，他们在读书前，考虑到采用什么样的方法，他们不仅知道要学什么，而且知道怎样学习，这样的学生在学习上花费的时间较少，收获却最大。

SQ3R 读书法便是其中一种有助于提高学习效率的方法。SQ3R 是分五个步骤进行的系统的学习法。SQ3R 是这五个步骤的英文第一个字母的缩写，具体代表如下：

S——浏览 Survey

Q——提问 Question

R——阅读 Read

R——背诵 Recite

R——复习 Review

下面我们就系统介绍这五个步骤的确切含义和具体方法。

1．浏览。

迅速阅读标题、目录、主题句、结论、思考题、索引等，以求对一篇课文或本教材的全貌有个大致的了解。

对阅读材料的内容、组织、长度、难度、透彻性和新颖程度的了解，可以使学习者对阅读材料有一个心理准备，从而选择适当的、最有效的阅读方法和技巧。

浏览分为对一部新课本的浏览、对课本中某一章节的浏览以及对一篇文章的浏览。其中最常见的是对一篇课文的快速浏览。对一篇课文浏览的内容和步骤如下：

（1）看一下课文所在的章节的标题和引言，了解这篇课文在课本中的位置。

（2）读该课文的题目。

（3）读课文的引言，若无引言，则将课文的前两个自然段作

为引言来读。

（4）迅速扫视文章全部内容，遇有小标题、黑体字要仔细看。如果没有小标题，可用每一段的第一句话来代替。

（5）读一下课文的小结或结论，或将课文的最后一两段作为结论来读。

2．提问。

根据对课文的浏览，提出几个与文章有关的问题。这些问题将在正式阅读中起导向作用。问题提得小而具体，将指引你去阅读文章的具体事实和细节；问题提得越广泛，你的阅读量也就越大，你掌握的东西也就越多。大多数学生的问题都不外乎这么两种类型。提问的方式如下：

（1）由课文的大小标题转化而来。

（2）由文章中每一段落的主题句转化而来。

（3）引用文章后提供的思考题。

（4）浏览过程中产生的某些疑问。

3．阅读。

这是对课文的正式阅读阶段，要一部分一部分地仔细阅读全文。要带着问题去阅读，在透彻的阅读中寻找每个提出的问题的答案。

4．背诵。

在这一阶段，首先是对问题的回答，回答问题是在阅读之后进行的。你可以在心里默默地回答，而不必大声念出来。你也可以将问题和答案都写出来，以备以后复习之用。回答问题之后，要检查答案是否正确，还要寻找那些你认为会出现而没有发现的答案，也可以对问题进行修改。检查和修改答案需要再次返回到文章中去。在这个过程中实现了对文章的主要内容——问题及其答案的记忆，这便相当于所谓的背诵。

5. 复习。

首先将全部内容再过一遍，这将有助于对课文内容进行归纳和记忆，并从整体上全面把握文章的思想观点和基本内容。其次，要再看一遍所提出的问题，要能做到不看课本也不看答案，就能准确回答全部问题。最后要定期复习，即每隔一段时间，对课本的主要内容复习一遍，这有助于对课文的进一步理解，防止遗忘，巩固记忆。

我们在应用SQ3R法学习时要注意以下几点：

1. 用于自学或预习课文。SQ3R法基本上是一种自学方法，因此，比较适合于课本中的自学部分，或正式上课前学生的自我预习。

2. 用于课外阅读。学生除学习规定的课本外，还要进行大量的课外阅读，为了使课外阅读富有成效，该方法是最佳选择。

3. 用于人文学科。该方法比较适合于语文、外语、政治、历史、哲学、经济学等人文学科的学习。

4. 反复练习。找一篇陌生的文章，按照上述五个步骤进行练习，并记下每一步骤所花费的时间，通过大量练习，熟练地掌握这种方法。

创造良好的学习环境

案 例

　　古代《三字经》中有一个家喻户晓的"孟母择邻"的故事：孟子的母亲为了孩子有一个良好的成长环境，曾经搬过三次家，最后选择了一所学校旁住了下来，让孩子整日里与学校里学生琅琅的读书声相伴，孟子的母亲才放心而不再搬家了。

　　现今社会的青少年也都知道张海迪大姐姐自强不息、顽强拼搏的感人事迹。外语的学习尤其需要一个良好的语言环境，足不出户的海迪，为了学好英语，只好在家里给自己创造了一个英语环境。她在介绍自己的学习经验时说："在家里，我给自己布置了一个'英语环境'，墙上、书架上、手上、胳膊上……凡是我够得着的地方，我都写上单词，有空就背……为了练好发音，我还找了一位'英国朋友'，她就是镜子里的我！练习对话时，我就写两份稿子，一份代表一位中国姑娘，另一份代表一位'英国姑娘'，然后由我自己同时扮演这两个角色……没有词典，就设法编了一本。我把印有英语的糖纸、标签、香烟盒、邮票等贴在一个大本子上，通过这本五颜六色的'大词典'，学到了不少单词。""英语世界"中，海迪的英语学习进步很快，成绩提高显著。

分 析

从上面的事例中，我们知道环境对学习有影响，那么这种影响有多大，又表现在哪里呢？心理学家曾做过大量的研究来证实环境的作用。比如心理学家对一对同胞双生姐妹的个案分析发现：出生第一年，抚养环境相同，智力发展无差异，观察力和语言发展等智力表现几乎相同。一岁后，环境发生了根本变化，一个孩子随农民生活，她的早期教育无人抓，上学后学习上放任自流，没有形成良好的学习习惯；而另一个孩子随医生生活，早期教育抓得紧，教育上得法，提前两年上了小学，有良好的学习环境，形成了良好的学习习惯。结果，当两姐妹长到16岁时，长相、健康状况相同，但智力和学习成绩却有显著差异。两个孩子在遗传上几乎没有差别，造成这种差异的原因主要是后天的环境和教育条件上的不同。

对学生而言，学习环境包括自然环境、物质条件和学习气氛。优美、安静的校园，标准化的教室，齐全的教学设备，这些必备的办学条件，构成了基本的学习环境。在一些条件简陋的农村学校，数九寒天，教室里没有取暖设备，学生冻得不停地跺脚、搓手，在这样的环境中学习自然受到不良影响。在物质条件相同的学习环境中，由于学习气氛不同，对学生学习的影响也是不同的。有的班级，同学们在自习时间里说说笑笑，打打闹闹，对学习产生了干扰，不利学生的学习；有的班级，由于教师管理较好，教室里有浓厚的学习气氛，在这样的班级里，学生无形中就受到环境气氛的熏陶、感染而发奋去学习，学习中遇到问题还可以向老师同学请教，这样的环境对学生学习十分有利。

为了充分地利用环境来促进我们的日常学习，我们该怎么做呢？

1. 主动选择有利于学习的环境。

首先应选择一个相对较安静的环境。古人读书很讲究环境的安静，以至到僻静的深山古刹中去读书。比如，三国时的诸葛亮求学时，住在南阳隆中，一边种田，一边读书。那是个什么样的环境呢？"山不高而秀雅，水不深而澄清，地不广而平坦，林不大而茂盛，猿鹤相亲，松篁交翠"（《三国演义》）。在这样的自然环境中有一所"茅庐"，就是诸葛亮读书的好地方。当然，我们不必非得去山中读书，当周围环境过于嘈杂时，选择一个比较僻静的环境还是可以做到的。在安静的环境里，能使人心神安宁，注意力集中，自然会提高读书效率。比如，在自习时间里，是选择在家看书，还是到教室看书，也要因人因地而异。如果家里环境较安静，你有很强的自制能力，就可以在家里学习；如果家里环境不好，你一个人学习又提不起精神，那么最好去学校，在寂静的教室里，与同学一起学习。

2. 主动创造良好的学习氛围。

学习环境的好坏常常是"人为"的，也就是说，我们可以创造有利于学习的"小环境"。列宁的母亲通晓德文和法文，为了创设一个有利于孩子们学习外语的环境气氛，她规定孩子们在家里每天说一种语言，第一天说俄语，第二天说法语，第三天便说德语。我们自己学习外语时，也可以创造这样一个小环境，比如三两个同学结成一个学习小组，在规定的时间里共同学外语，彼此用外语对话交流，以促进外语的听说能力的不断提高。同样，我们也可以像海迪那样，在家中给自己营造一个有利于外语学习的天地，充分利用外文图书、壁画、单词卡片、音像磁带等，使自己见到的、听到的都是外语，甚至在规定的时间里尝试用外语来记日记，用外语来思维。

提高自我监控能力

　　每年7月7、8、9这3天，是我国高中毕业生参加高考的日子。高考一过，虽然紧张的情绪能够得到稍许的放松，但还必须面对老师、父母、亲朋好友反复提出的同一个问题："考得怎么样？能打多少分？"事实上，每个参加高考的考生自己又何尝不想知道自己能打多少分呢？然而，对这样一个问题，不同学生的反应和回答是很不相同的。研究发现，学习成绩好、高考分数高的优秀生不仅成绩一流，而且他们对自己考分的评估能力也堪称一流，他们在考试后自己评估的分数与实际得分常常相差无几。而学习成绩差、高考分数较低的学生对自己考分的评估与其实际得分常常相去甚远。面对他人的一再追问，差生常常回答说："反正能答的我都答了，对不对不知道。"

优差生对自己考试成绩的评价上何以有如此差别呢？除了他们在知识掌握的准确性和熟练程度有差别外，更重要的是他们对自己各自的学习过程及其结果的自知力不同造成的。也就是说，他们对自己学习的元认知能力不同。

何谓"元认知"？这是美国心理学家弗拉维尔提出的一个新概念，简单地说就是对认知的认知，是一个人对自己的认知过程和结果的意识。元认知不仅是认识自己的认知加工活动，更重要的是它能有意识地调节自己的认知加工活动。例如，我们上课时，通过记笔记使自己的思想不开小差，表明我们对自己注意的认识和体验，也表明我们认识到该如何控制注意。

元认知包含三个组成成分：元认知知识、元认知体验和元认知监控。

元认知知识即了解自己的认识活动、过程、结果及与之有关的知识。比如，成年人对自己的记忆能力有相当正确的估计，而儿童对自己的记忆能力的估计值与实际值则有较大差距，这说明儿童这方面的元认知知识不如成人。

元认知体验即指伴随着认知过程而产生的认知体验和情感体验。比如，上课时意识到自己的思想开小差了，答卷时感到很容易，对自己取得好成绩充满信心等。

元认知监控即运用自我调节机制控制认知加工过程的能力。元认知集中地反映在学习策略的自我监控上。比如，上课记笔记使自己思想不开小差，是对付注意分散的一种策略；为了上课保持清醒的头脑，决定喝一杯浓茶，也是在运用策略进行自我调节；

在没有老师指导的条件下，我们有意识地运用活动、组织、精细加工、记忆术等策略也是对学习的自我监控。总之，学习的自我监控是指对自己学习的认识加工活动进行积极的、自觉的计划、调节和评价。

心理学家白莫曼和玛廷日·帕里斯研究发现，学生对学习活动的自我监控包括十个类别，即：（1）自我评价：学生对自己的学习质量及进度进行评价；（2）组织和转换：学生为了提高学习效果对教学材料进行内部或外部的重新调整；（3）目标制定和安排：学生制定学习目标，并对实现这些目标有关步骤、时间及操作行为作出安排；（4）寻找信息：学生在完成作业的过程中，通过自发的努力从外界获取对完成作业有帮助的信息；（5）记录：学生努力去记录有用的信息和结果；（6）环境结构：学生努力选择或安排好物质环境以便使学习更易进行；（7）自我奖励：学生对成功或失败进行自我奖惩；（8）复述和记忆：学生通过内部或外部的实践去记忆材料；（9）寻求社会帮助：学生努力地从同学、教师及其他成人那里寻求帮助；（10）复习记录：学生努力地重读笔记、考卷、教科书，为下一次班级考试做准备。从小学五年级到高中二年级，这十种关于学习活动的自我监控和总体水平都有明显的提高。

那么，如何更好地对学习过程进行自我监控呢？

1．树立主动使用自我监控策略的意识。

学习中的自我监控策略的种类很多，除了上述介绍的十种策略外，还有一些，如检验并修改实现目标的策略、集中注意的策略等。不管是哪一种策略，我们应认识到这种策略的存在，形成有关的策略知识，并在学习过程中有意识地加以运用。

2. 学会对自己的学习作自我评价。

许多学生对自己的学习过程缺乏必要的监控能力，这是因为他们对自己的学习缺乏必要的自我意识，特别是自我评价。学习自我评价有助于准确地把握自己的学习进程，及时进行知识的自我完善。比如，考试之后对自己的成绩先自己估个分数，然后与实际分数相对照，如果误差较大，就要进一步寻找自己在知识学习上存在的缺陷，以及对自己的学习过程的认识和自我监控能力上的不足，制定切实可行的弥补措施，经常性地对自己的学习作自我分析、判断和评价，其结果必然是提高我们对学习的自我意识水平和自我监控能力。

设定明确的学习目标

王强已经是初中二年级的学生了，由于整日和班上几个要好的小伙伴在一起踢球、看电影、下棋、打牌，一点没把学习放在心上，结果初二第一学期结束时，他在全班的期末考试成绩排名倒数第4名。王强原本是班里学习不错的学生，考了这样一个成绩，连他自己也吃了一惊。他怀着内疚和不安在学校操场上独自一人转了一圈又一圈，徘徊良久，最后在心里暗下决心：我一定要好好学习，将来考上大学，不辜负父母和老师的期望。他首先为自己确定了初中毕业要考上重点高中的目标。为此，他在假期里就开始有计划地复习落下的功课。特别是英语，期末考试时才得了20多分，是他补习的重点科目。他计划两天复习一篇英语课文，把没记住的生词全都背下来。整个假期王强把自己的时间和精力都用在了学习上，每天上午补习旧课，一下午做寒假作业，

青少年如何调整学习心理

尽管学习很辛苦，他也从未放弃自己的计划，一个假期结束了，他因贪玩而落下的功课也基本上补回来了。新学期伊始，他以更大的热情投入学习，并为自己定下了一个学期的学习目标：期末考试要进入前10名。他如愿以偿了，二年级结束时，他考了个全班第5名的好成绩。

分析

你在学习上是否也有着与王强类似的经历：由于对学习漫不经心而使学习成绩一落千丈，由于确立了明确的学习目标而使学业突飞猛进？

心理学研究表明：学习目标可以激发学生的学习动机。学习动机多种多样，根据动机行为与目标的远近关系，可把动机区分为远景性动机与近景性动机。所谓远景性动机，是指动机行为与长远目标相联系的动机；所谓近景性动机是指动机行为与近期目标相联系的动机。王强在心里暗暗确立的考大学的目标，就是一个推动整个中学阶段学习的长远目标。长远目标往往比较大，实现的时间也比较长，如初中毕业时考上重点高中，高中毕业时考上名牌大学等都是长远目标。王强在初二下学期为自己确立的期末考试要进入全班前10名的目标，就是一个近期目标。近期目标通常比较小而具体，是能够在较短的时间内实现的目标，比如，某同学期中考试数学打70分，他为自己定下了期末考试数学打80分的目标，就是一个近期目标。近期目标可以小到一个学期、一个学习单元，乃至一节课达到的目标。比如，一节课背诵一段英语课文，一节课完成六道平面几何证明题等也是近期目标。无论是长期目标，还是近期目标都能够激发起学习动机，使学生积极热情地投入到学习中去，为实现自己的学习目标而不断努力，从而不断提高学习成绩。

那么，我们该如何为自己设立学习目标呢？

1. 目标要明确、具体，切忌笼统、含糊。

许多同学在学习中也想把学习搞好，提高学习成绩，但学习目标不明确，不具体，过于笼统。比如，一个学生初中英语没学好，上了高中打算把英语学好，但因没有具体的目标，学习起来方向不明，也无从下手，抓抓停停，效果不佳。如果这个学生给自己定下如下目标，效果就会很好：高中阶段英语要达到优秀成绩（90分以上）。其中，高一要达到60~70分的成绩，重点是补习初中没学好的语法和词汇；高二要达到70~80分的成绩，重点是熟记高中语法和词汇；高三全面提高外语学习水平，达到90分以上的成绩。并且为自己制定每学期、每个月乃至每天的学习目标，比如，每天要熟记10个单词。这样，长远目标和近期目标都比较明确、具体，在学习过程中易于操作，也易于检验目标是否实现。

2. 目标高低要因人而异。

无论长远目标还是近期目标，都有个高低的问题。比如，自己的长远目标是考大学本科还是专科，是考名牌大学呢，还是考一般院校？近期目标也一样。比如，自己这一个学期的数学成绩是定在90分还是80分呢，期末考试是要进入前5名呢，还是前10名？有的同学可能想，当然是要考名牌大学了，每科的期末成绩都要考90分以上。这样设立目标行不行呢？不能一概而论，对于学习基础好，又有较强的学习能力，学习成绩比较稳定的同学，这样的目标是可以的，较高水准的学习目标对他们是合适的，能够激发起他们进一步学习的动机。可是对于学习基础差，学习能力较低的同学，盲目地确立过高的学习目标，不但对学习没有帮助，反而会有害处。因为过高的目标对他们来讲，常常是难以实现的，可望而不可即的，一旦确立这样的高目标，结果往往是失败的打击，使他们心灰意冷，对学习成功不再抱有信心。因此，每个学生都应全面分析自己的学习基础和学习能力，为自己选择一个适当高低的学习目标。一般来说，所谓适当的目标就是要略高于自己的原有的学习基础和水平。比如，上学期期末语文打了65分，这学期给自己定下语文考试打75分以上的成绩就比较适当。当然，学习目标要逐步升高，直至达到理想的高度。不要急于求成，每个学期能够提高5分，几个学年下来就相当可观了。学习目标也不能总停留在一个水平上，这样学习的动力就会不足了。

制订学习计划至关重要

案 例

学习方法研究专家曾对两个班100名学生进行过调查，结果发现：凡是有学习计划的，不论能否完全执行，成绩均较稳定或较好；学习跟着老师走，能按时完成老师布置的任务的同学，学习成绩中等；既有计划、又能执行计划的，成绩最好、最稳定；学习无计划，又不按老师的计划去做的同学，成绩最差。

在另一项调查中发现：40名少年大学生和260名以高分考入大学的优秀生的一个共同特点是他们大都能主动、经常修订学习计划。他们认为，能否制定好的学习计划，往往是一个人学习成败的关键。

日本心理学家田崎仁在研究学习方法时也进行过这样的调查：智力水平相同的两个学生，学习成绩却相差悬殊。用学习方法的五项内容去考核，其中三项大体相同，成绩差的学生唯有学习计划和学习习惯两项得分不佳。这项研究再一次表明：有无切实可行的学习计划和良好的学习习惯，对学习的成败至关重要。

分析

学习计划之所以对学生的学习有如此重要的作用，是因为有了切实可行的学习计划，就有了自我检查的标准及尺度，就可以克服学习的盲目性和随意性，避免东抓一把，西抓一把，忙忙乱乱而效率不高的现象。事实上，制定学习计划并执行学习计划是对学习进行自我监控的有效策略之一。正确使用这一策略，我们就抓住了学习制胜的法宝。

许多同学在学习过程中也很想制定一个学习计划，但却不知怎样制定；有的同学虽然定了计划，但由于计划不切实际，而无法执行。那么，该怎样制定一个好的学习计划呢？

1. 学习计划要与学习目标相结合。

有的同学在制定学习计划时，只是写上什么时间做什么，比如：6：00，起床；7：00，早读；7：30~11：30，上课；12：00~1：30，午睡；1：30~4：30，上课；7：00~9：00，晚自习；10：00，熄灯。这样的一份计划太空洞，太无个性，任何人都可以适用。我们在制定计划时，要从自己的实际情况出发，与自己的学习目标相配合。自己各科学习的基础不同，因而制定的各科学习目标也不尽相同，哪科比较薄弱，就应该作为重点攻克的目标，那么，在做计划时就应该分配较多的学习时间。因此，在制定计划时，不能平均使用力量，要重点突出。

学习目标一般可分为长期目标、中期目标和近期目标，相应地，学习计划也应分为学期计划、月计划和周计划及每天学习计

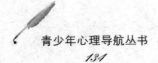

划。学期计划与学期目标相对应，订出一个学期学习的重点及各自的计划要点；月计划要与单元目标相对应，订出一个月的学习重点及各周的计划要点；周计划要与一周的学习目标对应，订出一周的学习重点及每天的计划要点。

2. 学习计划要与教师的教学计划相配合。

在制定每天具体的学习计划时，要与老师的教学计划紧密配合。具体说就是要与每天课程表上计划要上的课相配合，与每门课老师讲授进度相一致。例如：早晚自习时间学习计划的安排，不但要与当天课堂上老师讲课的内容相配合，而且还要与前一天和第二天老师的教学内容挂钩，不要抛开教师的教学进度计划，另搞一套。

3. 学习计划要有一定的灵活性。

有的同学将每天除吃饭、睡觉以外的全部时间都安排了学习的内容，排得满满的，连周六、周日都不安排一定的休息时间。这样的计划要执行起来就相当困难了。比如，星期天，同学一来玩，必然要陪同学一起玩，计划就打乱了。因此，计划要有一定的灵活性，不要把时间排得太满、太死，要留出必要的休息和娱乐的时间，还应留出一点机动时间应付可能出现的紧急情况。

4. 要用坚定的意志执行学习计划。

不少同学学习计划制定得比较详细、具体，然而却不能切实地去执行。不能执行计划的主要原因是意志薄弱，无法抗拒外界的干扰和诱惑。比如，本来打算晚上按计划完成当天的英语作业，但你是一个足球迷，晚上中央电视台现场直播一场精彩的世界杯足球赛，结果你可能就会把作业放在一边，只顾看球。还有的同学原来学习无计划，学习松松散散，后来制定了计划，一切都安排得紧凑、紧张，与以前相比，会感到比较忙累。在这种情况下，意志薄弱者便会叫苦不迭，不想坚持，放弃计划，半途而废。还有的同学是"理想挂在嘴上，计划贴在墙上，时间用在玩上"，这样的计划无疑是废纸一张，无法起到推动学习的作用，到头来，理想变成了泡影。因此，我们要用坚强的毅力去落实学习计划。

学会驾驭时间

　　前苏联昆虫学家亚历山大·柳比歇夫从未抱怨过自己没有时间，而总是感到自己的时间是充裕的、富有的。他从1916年到1972年去世的那一天，56年如一日，一丝不苟地记下他的时间支出，坚持每天计算他度过的时间。写一篇文章，看一本书，写一封信，谈一次话，散一次步……总之，不管干什么，每做一件事用了多少时间，他都算得一清二楚，并加以分析比较，一月一小结，一年一总结，列出一览表。靠这种奇特的方法，使得他在昆虫学、动物学、科学史、农业遗传学、植物保护、进化论、无神论、哲学、历史和文学等广阔领域大显身手，写出了70多本学术著作。他也因此被誉为驾驭时间的大师。

　　作为一名学生，一天24小时除饮食起居、保证睡眠和课外活动外，我们剩下的学习时间还能有多少？屈指算来，十分有限。因此，在有限的时间里，提高时间的利用率，才能提高学习效率。北京市的一名中学生在总结自己的学习经验时说，要提高学习效果除了要有好的学习方法，我认为科学地安排时间，不但能使学习成绩提高，而且还有时间进行文艺活动，体育锻炼，这也是学生生活必不可少的一部分。由于注意了提高时间的利用率，讲究科学地安排一天的学习，所以学起来轻松，效果也好。

　　许多同学不珍惜一分一秒的时间，使时间浪费在不知不觉中。研究发现，中小学生的时间浪费现象十分惊人。比如，学习时脑子想其他杂事、闲事；学习用具没有放固定的地方，用时乱找，耽误时间；边学习边听广播、边吃东西、边说笑；学习时，随手拿起一本画册或杂志翻看起来，忘掉了学习。

　　那么，怎样才能杜绝时间的浪费，科学地管理学习时间呢？

　　1. 学会对时间作自我监督，提高对时间的安排和控制能力。

　　你可以准备一张纸，在上面画一个坐标图。横轴以天为刻度单位（如周一至周日），纵轴以小时为刻度单位。在纵轴适当的地方，画上一条横向的虚线，表示希望达到学习时间的平均水平（此处学习时间指在课堂学习之外的可以由自己独立支配的时间）。比如，每天除上课外，规定自己要完成3个小时的学习，就从刻度"3"画一虚线，这样，就可以在这张坐标图上记录自己时间的利用情况了，即在每晚睡觉前，在表上记录当天的学习情况。比如，周一你用了2个小时学习，那么就在对应周一和2小时的坐标上画上一个圆点。

　　每个星期画一张这样的坐标图，连续记录几个星期后，对时间的利用情况进行一次分析。如果所有的点都在虚线以上，这表明你已很好地完成了计划用时，要是每周都是如此而不觉得紧张和吃力，说明你还有很大的潜力，你的用时指标还可以适当地加以提高；如果有的点在虚线之上，有的点在虚线之下，这表明你还不能很好地控制自己，学习的自律性还要加强；如果所有的点均在虚线以下，这表明你未能达到目标的要求，需要加倍努力，尤其要加强自我约束，以克服自我惰性和外界干扰。

　　2．用好最佳效率时间。

　　心理学研究表明：一天之中人的学习或工作效率的最佳时间是上午10点左右和下午3点左右。这项研究是以小学五六年级的学生和大学生为被试对象，让他们在一天里的不同时间接受各项测验，然后对测验成绩进行统计，从而得出上述结论。对学生而言，一天中的这两个时间多数是在课堂中上课。此外，早晨的时间也是最佳效率时间，因为此时大脑非常清醒，所以记忆知识的效率很高。

　　3．利用好零星时间。

　　如果我们每天把零星的一些时间积累起来，用于学习，日久天长，将是十分可观的。要想利用好零星时间就得"挤"。鲁迅说："时间，就像海绵里的水一样，只要你愿挤，总还是有的。"比如，课前课后、睡前醒后、等车等人的三五分钟就可以记上几个单词，复习一遍公式。如此积累起来，定是一笔可观的时间财富。

　　4．避免时间的浪费。

由于中小学生普遍存在着浪费时间的现象，因此，为了避免时间的浪费，我们可以在每天晚上用一两分钟的时间回顾一下今天浪费了多少时间，将浪费的时间填入一张统计表格中，这样做会鞭策你更好地利用宝贵的时间。

　　5．合理分配家庭学习时间。

　　除课堂学习以外，学生自由支配的时间主要是家庭学习时间。对这段家庭学习时间的利用仍然要围绕着课堂学习的中心，将家庭学习时间的60%～70%用于复习当天所学知识，30%～40%用于第二天要讲的新课的预习。复习和预习都是为了更好地完成课堂上的学习任务。因而，不要让课堂上的时间白白溜掉，等回家后再补课，要注意首先提高课堂时间的利用率。

兴趣是最好的老师

1981年，《北京科技报》上一篇题为《法契纳圆盘——一个难解之谜》的文章引起了北京五中两个高一女生的兴趣。文章说在白纸上用黑色画上若干的同心圆，然后将这张纸转动起来就会呈现出别的色彩。她们俩按报上的标准图像画好了一张圆盘，把它放在转台上旋转，但结果大失所望，没有出现任何颜色。她们打电话给科技报询问，回答是："没做过实验，无可奉告。"但她俩并未就此放弃，在老师的支持下，她俩利用学校实验室开始了科学实验，连节假日都不休息。经过四个月几百次实验和分析，初步摸索到规律，她们的论文在北京市青少年科学讨论会上宣读并获了奖。

一位曾获得全国化学竞赛一等奖的同学，在一次展览会上对电镀发生了兴趣，想亲手试一试。电镀工艺流程复杂，中学课本知识不够用，他就发愤攻读电子学、无机化学、物理化学、现代电镀等多种专业书并办起了家庭实验室。从高一到高三，他做了大量实验，终于完成了铜锌镍三种金属电镀实验，质量达到国内高标准。他写的论文也获得了专家的好评。

诺贝尔奖获得者丁肇中教授说："任何科学研究，最重要的是要看对于自己从事的工作有没有兴趣……比如搞物理试验，因为我有兴趣，我可以两天两夜，甚至三天三夜待在实验室里，守在仪器旁，我急切地希望发现我所要探索的东西。"

俄国著名教育家乌申斯基说："没有丝毫兴趣的强制性学习，将会扼杀学生探索真理的欲望。"

分析

大量的事实表明：兴趣是最好的老师。

兴趣是伴随着积极情感的认识倾向。带着兴趣去学习，可以使人全身心投入，精力集中，激发起极大的学习热情。兴趣不仅能提高学生的学习质量，还将成为学生创造性地进行学习的动力源泉。

不少青少年朋友说，我也知道兴趣对学习很重要，可我就是对所学的课程提不起兴趣该怎么办？

让我们一起分析一下学生对学习不感兴趣的原因吧：

1. 学生自身的一些因素会影响学习兴趣。一些学生在学习上缺乏刻苦钻研精神，对学习采取敷衍应付的态度，把学习当成负担；有的学生学习方法不当，所花学习时间不少，但学习效率不高，找不到学习的乐趣；有的学生遇到学习上的疑难问题绕道走，又羞于向老师、同学请教，致使问题束之高阁，越积越多，学习

兴趣必然下降；还有一些同学受青春期特有的心理的影响，产生了对异性朦胧的向往和爱慕之情，不能自拔，整日精神恍惚，无心向学。

2. 学校和社会的一些因素也会对学生的学习兴趣产生影响。许多学校教师授课方式仍然是"一言堂"，教师只满足于学生无异议地全盘吸收，不重视启发学生的思维，也不重视学生运用知识解决实际问题的能力的培养；师生间常常缺乏情感交流，教师没有运用人格的感染力感召出学生对学习的兴趣，任凭学生的学习兴趣处于自为的状态；老师和家长对学生期望过高，要求过高，对学生在学业上的停滞下降，不详加分析，而是一味批评指责，使学生产生反感情绪，逃避学习；社会上读书无用论思想的影响，现实生活中不尊重知识、不尊重人才，无知也能挣大钱等不合理现象日益消磨着学生的学习兴趣，动摇着学生的学习信心。

既然找到了对学习不感兴趣的原因和症结，我们就可以对症下药，用以下方法培养我们的学习兴趣：

1. 端正学习态度，变负担为志趣。

把学习看成是老师和家长硬塞给我们的一件事，学习便变成了负担。如果我们能将"要我学"转变为"我要学"，认识到学习是关系到青少年健康成长和祖国的建设与发展的一件大事，那么，我们便会自觉投入到学习中去，使负担变成了乐趣。

2. 掌握科学学习方法，提高学习效率。

学习方法不当，学习起来事倍功半，效率低下，且常常体验失败的痛苦；而掌握了适当的学习方法，学习起来便事半功倍，如鱼得水般在知识的海洋里遨游。要想探寻科学的学习方法，本书会给你满意的答案。

3. 培养求知欲，激发直接学习兴趣。

我们对所学知识本身产生的兴趣是直接的学习兴趣，它和人的求知欲密不可分。对科学知识的热爱，对真理的追求，对缺乏可靠论断的怀疑，对尚不理解的问题的探求，这是培养我们求知欲的必由之路。

4. 树立学习目标，调动间接学习兴趣。

有时我们对学习活动本身的特点并不感兴趣，而是对学习活动的结果感兴趣，这种学习兴趣就是一种间接的学习兴趣。比如，有的同学对枯燥的外语单词本身没有多大兴趣，但为了实现自己心中的理想——长大以后出国深造，当个出色的翻译家——便对外语学习产生了浓厚的兴趣。可见，树立了明确的学习目标，就可以使我们产生强烈的学习需要，为实现目标，刻苦钻研，不断进取！

培养学习意志力

一名高三的女同学遇到了困难。她在写给老师的咨询信中说：

"我在家中是最小的，学习上一直比较顺利。初中毕业后考上了高中，打算认真学习三年，以后考大学。但是，实在惭愧，从高一开学开始，我就没有持久地学习过。高一、高二大体是这样度过的：前一个月比较认真地学习，接下来的一个月便放纵自己，终日无所事事，再接着就达到了旷课的程度。我有时很恨自己，为什么不能专心学下去。每每看到同学们在教室里埋头苦读，我心里也不免有些恐慌。心想：制定出计划，明天我一定不浪费时间了。可是今天踌躇满志地把计划定出来，但行动起来顶多能执行两三天。有一次，上午定的计划，下午执行，晚上又捧起小说津津有味地读了起来。

今年暑假，我参加了补课，当时学习比较努力，心想，照这

样下去会考上大学的。遗憾的是，我并没有坚持下来。9月份开学后，我又陷入了读小说、看电影之中。成绩也因此陡然下降，由班上前10名下降到四五十名，我好惊愕。我该怎样才能持之以恒地学习下去，努力地把这一年的功课学好？我真不知该怎么办，请求老师帮助。"

分 析

很显然，写信的这位女同学遇到的是如何培养学习意志力的问题。她有自己的理想，想考大学，但每每遇到困难，却总想为自己开脱，每每制定计划，却总是半途而废，缺乏贯彻始终的毅力，这是意志力薄弱的表现。意志是在学习、工作和生活中为实现目的而克服各种困难的心理过程。中学生的意志品质主要表现在自觉性、果断性、坚持性和自制力这几个方面。许多同学在学习过程中，缺乏良好的意志品质，学习盲目，没有目的，没有计划，或者虽制定了计划，却缺乏坚持性和自制力，一遇困难，便放弃原来的计划。一个意志品质较好的同学，能自觉地、独立地调节自己的行为，使学习服从于一定的目的，学习时不用靠外部力量的督促和管束。这样的同学能够以顽强的毅力，去克服各种学习困难，奋力拼搏，达到目的，实现理想。

拿破仑说："我是我自己最大的敌人，也是我自己不幸命运的起因。"

对一名学生来讲，学习中的敌人便是缺乏意志力的自己。那么，我们该怎样培养自己的意志力呢？

1. 制定目标和计划。

意志表现在有目的行动之中。要想培养意志力，我们首先要

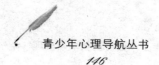

给自己树立起明确的学习目标。然后将这个目标和学习计划联系起来，把最终要实现的目标分解为一个个具体的小目标。

2．从小事做起。

要养成良好的学习习惯，从一点一滴的小事做起，做到"今日事，今日毕"。比如，按时完成当天的作业，每天坚持记五个外语单词，每天坚持记一篇日记……这样一天天下来，你不但发现自己有了不小的收获，而且，自己的毅力也磨练出来了。

3．坚持体育锻炼。

体育锻炼不仅能使你有健康的身体、充沛的精力，还能培养你的意志力。比如，每天早晨坚持跑步，强迫自己在每天固定的时间起床，然后到户外慢跑几公里的路程，无论刮风下雨、酷暑严寒，都要坚持跑下去。你可以将跑步看做是自己日后成功的象征来激励自己，如果能坚持跑下来，就意味着日后定能有所成就，否则自己将一事无成。长期而艰苦的体育锻炼，定能使你具备不怕苦、不怕难、知难而进、始终如一的意志品质。

4．时刻提醒自己。

当你因为害羞和紧张，打算放弃已精心准备了好几天的演讲时；当你因为疲劳和困倦，当天的作业没有做完就想上床休息时；当你在体育课上参加800米测跑，跑得上气不接下气，想马上就停下不跑时；当你为了看世界杯足球赛的电视转播，而准备将已坚持了整整两周的学习计划暂时中断一次时；当你因为考试取得了好成绩，受到了老师的表扬、父母的奖励，兴奋和激动使你整个晚上都不能静下心来学习时……你该提醒自己"千万别松懈"、"咬咬牙，坚持下去"、"决不能半途而废"。我们也可以在自己的床边、课本或作业本、日记本的扉页上，写上自己喜欢的名言警句作为自己的"座右铭",当我们在学习中受到各种因素干扰时,便于提醒自己,增添克服干扰的力量,以保证自己的行动能紧紧对准目标。

5. 正视困难,战胜困难。

马克思说:"在科学的道路上没有平坦的大道,只有不畏劳苦沿着陡峭山路攀登的人,才有希望到达光辉的顶点。"爱因斯坦十分鄙视那些惯于轻车熟路、避重就轻的研究者,他不能容忍那种拿起一块木板而专在最薄处钻孔的研究作风。他在物理学研究中啃的就是一块硬骨头。他从16岁开始思考狭义相对论,苦战10年才告完成,为创立广义相对论奋斗了20年。我们在学校学习也是一个艰苦的过程,必须正视并克服各种困难,才能有所收获。正如古人所言:"天将降大任于斯人也,必先苦其心志,饿其体肤,劳其筋骨也。"

"宝剑锋从磨砺出,梅花香自苦寒来"——让我们共勉。

学习要持之以恒

　　有一位客人肚子很饿，于是到一家饼店。他吃了一块饼不饱，再吃一块还是不饱……直到吃完第十块后，他打起了饱嗝，此时，他十分后悔：既然吃第十块饼能饱，为何一开始不吃这一块呢？买前面九块饼，白白浪费了那么多钱。这是一则古代寓言故事。它告诉我们没有积累，就没有提高和飞跃，只有不断地进行量的积累，才能达到质的飞跃。学习莫不如此。

　　有一名同学谈了自己学习中的一次经验。星期天，他把自己关在小屋里，认真地翻开课文，仔细地看起刚学过的一节内容。一开始感到很吃力。他心想，一遍看不懂，还可以看二遍、三遍。可一个小时过去了，没有多大收获。他恨自己平时学习不努力，上课不听讲。心想，算了吧，干脆放弃吧。可转念又一想："不，不能停下，一停下就前功尽弃，应该坚持下去！"时间又过去了半小时，他恍然大悟：啊，原来如此！一个半小时的苦攻终于有点眉目了。他抑制不住内心的喜悦，提一提精神，继续伏在桌子上写着、看着，又过了好一会儿，终于把全节内容弄懂了。从此以后，每当他在学习中遇到困难的时候，总是咬咬牙坚持，直到攻克难题。他的学习成绩也因此不断提高。

分 析

俄国生理学家巴甫洛夫说："要想一下子全知道，就意味着什么也不会知道。"英国哲学家洛克说："学到很多东西的诀窍，就是一下不要学很多东西。"我国古代教育家荀子在《劝学篇》中也说："不积跬步，无以至千里；不积小流，无以成江海。""锲而舍之，朽木不折，锲而不舍，金石可镂。"

这些闪烁着智慧光辉的精辟语言，都在从不同的角度告诉我们同一个道理：学习要循序渐进，持之以恒，坚持不懈，在困难面前决不能半途而废，否则将一事无成。

那么，在平日的学习中，我们该怎样做才会有更大的收获呢？

1. 学会逐步实现学习目标。

在学习过程中，我们都会遇到学习成绩不如人意的时候，比如某一科考试成绩不及格，综合成绩在班里排名落后等等。每当出现这种情况，你可能会很着急，恨不得一下子把成绩提高上去。这种想法是可以理解的，但要讲究方法，不要急于求成，不能指望"一口吃成个胖子"，要一步步地给自己设置学习目标，一开始目标要低一些，实现之后，再逐步提高。一名如愿以偿考上县重点高中的学生介绍自己的学习经验时说："初三时，我的成绩在全班仅居中游，而以数学、外语两科最吃力。我一度信心不足，但

老师的鼓励、家长的期望，使我又燃起了奋进的火花。我暗暗发誓：凭本事上高中，托人、出钱决不读！第一次摸底考试，我名列全班第22名，家长要求我期中考试再上升三名，期中考试揭晓，我果然名列19名。老师希望我稳步上升，期末考试，我不负众望，又进入第15名。中考前要挤进班级前10名，不断添码，施加压力，合理安排，刻苦用功，我终于实现了自己的理想。"

2．不要中途放弃学习计划。

学习是一项艰苦的脑力劳动，为了更好地学习，我们常常制定周密的学习计划。然而，学习计划一旦执行起来，常常会遇到各种困难和障碍，这时一定要坚持住，决不能半途而废。你听说过羊子妻批评羊子中途废学的故事吗？羊子出外求学一年就回家来，妻子见了就问他为什么回来，羊子说："出门久了，心里想家，所以回来。"妻子听了，便拿着刀快步走到织布机前，说道："这织物来自蚕茧，在织布机上织成，一根丝一根丝地积累，才织到一寸，一寸一寸积累不停，才能成丈成匹。现在如果割断这织物，就丧失已经做出的成绩，拖延浪费了时光。你积累学问，应该每天学到自己所不知道的东西，用来实现理想、成就美好的事业。如果半途回来，那跟割断这织物有什么不同呢？"羊子被妻子的话所感动，又回去修完自己的学业。

3．坚持不懈地积累点滴知识。

无论要学习的知识有多多，有多难，只要你每天都去学会一点，坚持下来，一定会有大的收获。法国的儒勒·凡尔纳一生摘录的笔记有25 000册以上。正是凭借摘录笔记，他写出了《海底两万里》等数十部科幻文学作品。徐特立同志43岁时，为了革命的需要，到了法国去参加勤工俭学，他不分昼夜地刻苦学习法语，有人问他学习法语是不是感到困难？他回答说："一天学一个字，一年可学365个字，七年可学2 555个字，到了50岁，不就是一个懂法文的人了吗？"他不过花了四五年的时间，看法文书刊就不困难了。解放后，徐特立老人70多岁了，又学了俄文。青少年朋友们，我们正处于学习的黄金年龄，如果我们能像徐老那样每天坚持不懈地去努力学习，还有什么知识学不会、学不好呢？

保持良好的学习态度

案 例

一个中学生在题为《一节语文课》的札记中写道：

这一节语文课，我的收获可真不小。

当老师捧着一摞五颜六色的札记本走进教室，我的心便不停地跳起来。因为我的札记写得很不认真，真怕老师批评。听到老师说要介绍几本好札记时，我才松了口气，定下了心。

老师介绍的第一本札记是金莉的，札记中摘抄的内容十分丰富。因为这些是她阅读中自己经过认真理解后最喜欢的，所以摘后短评的内容就很深刻。可我写的札记就是应付老师，老师让摘抄，我就不得不抄。抄时心不在焉，摘后短评也是时有时无，难怪老师常批评我札记的内容少。

老师又读了几本札记中的习作，听了之后，我更感到不足了。人家用平平常常的语句，把文章写得既清楚又生动，哪像我？总是罗罗嗦嗦缠夹不清，可见，没有平时的点滴积累与刻苦锻炼怎么行？

这一节课，我是在悔恨与佩服两种情感交织中度过的。老师没批评我，可我觉得更难堪；老师没表扬我，可我心里也很高兴，因为我有了巨大的收获。

分析

这篇札记反映了该中学生对待学习的态度以及学习态度转变的心理过程。

学习态度是指学生对学习所持有的态度，包括对学习的认识、情感及意向成分。学生的学习态度有良莠之分，良好的学习态度具有学习目的明确、学习兴趣浓厚、学习行动自觉等特征。学习态度的形成受到各种因素的影响，其中既有学生自身的因素，又有教师和家长的影响。

1. 学生已有学习经验的影响。

学生现时的学习态度是在过去已有的学习经验基础上发展起来的。如果过去的学习经验是积极的、正面的，那么，学生就容易形成现时良好的学习态度。比如，一个学生在过去的学习中掌握了一些知识技能，而这些知识技能又使他在生活中获益匪浅，因此，现在他非常热爱学习，对学习具有良好的态度。

2. 学生对学习情境的感受。

学习情境包括学校的设施、规章制度、课程设置、行政管理人员、教师以及班级情况等。学生对这些情境的看法与好恶，直接影响到他对学习的态度。比如，有的同学就因为喜欢某一位老师，因而对他所教学科的学习态度就认真、就努力。

3．学生对学习成败的归因。

学生考试之后，无论成功还是失败，都会分析一下原因，归因不同，常常会影响以后的学习态度。特别是在考试成绩不理想时，如果归因于学习不努力，那么，就是从自身寻找了原因，以后就应该通过努力学习来提高成绩。如果归因于自己脑子笨，那就可能产生自暴自弃的心理。

4．同学的影响。

学生生活在班集体之中，班集体中大多数人的态度往往会被个人所接受。比如，一个班级中学风正，多数同学都有良好的学习态度，那么个别同学也会受到感染，形成良好的学习态度。

5．教师和家长的影响。

教师和家长对学生学习的期望、要求、奖惩，教师的教学态度、责任心，家长的家教方式都对学生的学习态度有影响。比如，学生上课认真听课，受到老师的表扬，回家认真做作业，又得到父母的鼓励，那么，这个学生就可能会形成认真学习的态度。

那么，该如何去培养良好的学习态度呢？我们可以从以下几点着手：

1．自我反省。

经常对自己的学习进行自我反省，能够正确地认识和评价自己的学习，及时发现自己的学习与老师的要求的差距、与同学的差距，以便自我鞭策，奋起直追。那位写札记的中学生正是通过自我反省，看到自己的不足，从而转变了对写札记的态度。自我反省也包括对自己的学习成绩作恰当的归因。学会积极的归因有助于形成良好的学习态度。

2．消除成见。

学生常常带有许多成见。比如，有的女同学认为上高中以后，女同学便不如男同学具有智力上的优势，因而在学习上变得退缩，甘拜下风；有的同学认为自己所在班级教师的水平低，能力差，由于对老师抱有这样的成见而影响了学习的态度。要想消除成见，就要消除错觉，即不适当的认识，因为大多数的成见都是由错觉引起的。

3．沟通感情。

同学之间、师生之间的感情应经常沟通。沟通能增进相互了解，相互喜欢，学生由对老师的喜欢会转变为对学习的重视。

4．积极进取。

有的同学在学习中采取的是消极应付、被动接受的态度，用这种态度去学习，即使天资聪颖，也终将一事无成。纵观古今中外成就事业的专家学者，大多是具有强烈的求知欲和自我奋斗的精神的人。马克思为写《资本论》，曾仔细研读过1 500多种书，仅为写前两章，就从各种书中摘录200多处。以积极进取的态度去学习，能够克服学习中的各种困难，取得学业的成功。